「東北のハワイ」は、なぜV字回復したのか
スパリゾートハワイアンズの奇跡

清水一利
Shimizu Kazutoshi

a pilot of wisdom

目次

第二章　創業者の経営哲学―――52

雇用の確保
一トンの採炭に四〇トンの温泉
一万円札を川に捨てているようなもの
船橋ヘルスセンターに学ぶ
よし、これで決まり
それには及ばん。あとはワシがやる
不発に終わったアメリカ視察旅行
トエレとの出会い
一〇〇〇円持ってハワイに行こう
常磐炭礦は地元とともに生きていく
常磐炭礦ならではの「一山一家」の考え方
助け合うという肯定的な価値観
苦しくてもすべて自前でやる
いわき市民の応援
炭鉱の空気の中で育った人間が踊ることで常磐炭礦の精神が生きる

ダンスだけではない一般教養も学ぶ
女子野球チーム「コールシスターズ」
父ちゃんは元気にしているか?
銀座、赤坂、六本木ではなく浅草、上野、御徒町を目指す

第三章　追い風と逆風

月二回の休みに「お前は休んでばかりだな」
予想外の事態
二〇〇億円の借金
これじゃあアラスカンセンターだ
組織動員型イベントに活路を見出す
「海底大劇場」で素人ゆえの大失敗
帰りのガソリンはハワイアンセンターが用意します
バブルといわき湯本ICが追い風に
こんなことがいつまでも続くはずはない

慣れ親しまれた名前をあえて捨てる
温泉＝スパを前面に打ち出した新名称
「スプリングパーク」オープン
バブル崩壊で再び「冬の時代」へ
三億円の節約
ハワイのダンサーとは感動の度合いが違う
純和風のコンセプト「江戸」を取り込む
三世代の誰もが楽しめる
女性目線の新コンセプトホテル
宿泊者専用無料送迎バスの導入
もっとも強烈な追い風になった映画「フラガール」
映画にしませんか？
女性を主人公にした物語に
スタッフの食事と宿泊で一億二〇〇〇万円
予想外の大ヒットで映画賞を独占

第四章　東北復興の未来戦略

あえて「外部の血」を入れる
新社長に託した二つの事柄
ハワイアンズをよりハワイらしくする
裏方のスタッフにも気を配る
一〇人の女性管理職が誕生
女性管理職のまとめ役は女性に
フラガールOGを再雇用する
まだある外様社長の新施策
ハワイアンズが生き延びるためには
老朽化が目立つホテルハワイアンズ
切実な問題
国内のマーケットには頼れない
いかにしてインバウンドを呼び込むか
次の目標はどこに置く？

写真提供／常磐興産、清水一利
グラフ作成／クリエイティブメッセンジャー

はじめに

東京から約二〇〇キロ離れた福島県いわき市。そこに、常磐興産株式会社が運営する温泉テーマパーク「スパリゾートハワイアンズ」（以下、ハワイアンズ）がある。

前身は、世の中にまだテーマパークという概念がなかった昭和四一年にハワイをテーマに誕生した、五〇代以上の人にはその名も懐かしい「常磐ハワイアンセンター」（以下、ハワイアンセンター）。以来、五〇年を超えた今もなお、同施設は各種の温泉や温水プール、フラガール（正式名称・ハワイアンズダンシングチーム）のショーなどが楽しめる人気のリゾート施設として、毎年一四〇万人ものお客を集めている。

ハワイアンセンターがオープンし、初年度から予想を上回る大成功をおさめるとすぐ、全国には「〇〇センター」、「〇〇ランド」という類似の施設がいくつもできた。中にはそのものズバリ、「〇〇ハワイアンセンター」というものまであったという。

しかし、それらはすべて二、三年のうちに経営が行き詰まり、まもなく一つ残らず消えていった。

そんな中、ハワイアンズだけが今日まで変わらず生き延びることができたのは、いったいなぜなのだろうか？

この施設の何が、人々をこれほどまでに惹《ひ》きつけ、今も人気になっているのか？

そして、常磐興産は、その人気を維持するためにどんな努力をしてきたのか？

私が本書を執筆しようと思ったのは、その理由を知りたいと思ったからである。

私は千葉県市川市で生まれ育った。両親も千葉県内の生まれであり、遠く離れた、いわゆる田舎と呼べるところがない。

そんな私が、取材のためにこの六年間、何度となくハワイアンズを訪ねているうちに、ここに来ると何かホッとするような不思議な感覚を覚えるようになってきた。故郷に帰ってくるというのは、こういう気持ちなのかもしれないと思った。

そして、ハワイアンズが生き延びてきた秘密の一端はこうしたところにもあるのではないかと考えた。

もちろん、それだけでは五〇年もの間、人気が続くはずはない。調べれば調べるほど、知れば知るほど、ハワイアンズは実に奥の深い施設なのだった。

常磐ハワイアンセンター
世界一の温泉娯楽場誕生
1966 1月16日開場
hawaiian center
常磐ハワイアンセンター
■ご入場料 大人 小人
一般 400円 200円
ホテル・レストの宿泊客 350円 180円
常磐観光ホテル●ご宿泊料(一泊二食付税金・サービス料別)お一人様3，500円※団体(三人様以上)お一人様3，000円
常磐レストハウス●ご宿泊料(一泊朝食付)お一人様1，000円
常磐湯本温泉観光株式会社
■ご予約お問合せは・常磐サービスセンター
電話 常磐2970(代表)
●常磐線上野から急行2時間50分
準急3時間
●常磐線仙台から急行2時間40分
準急2時間50分
●湯本駅下車バス7分
仙台
山形
福島
郡山
平
湯本
高崎
宇都宮
水戸
小山
赤羽
池袋
上野
東京
開業時のポスター

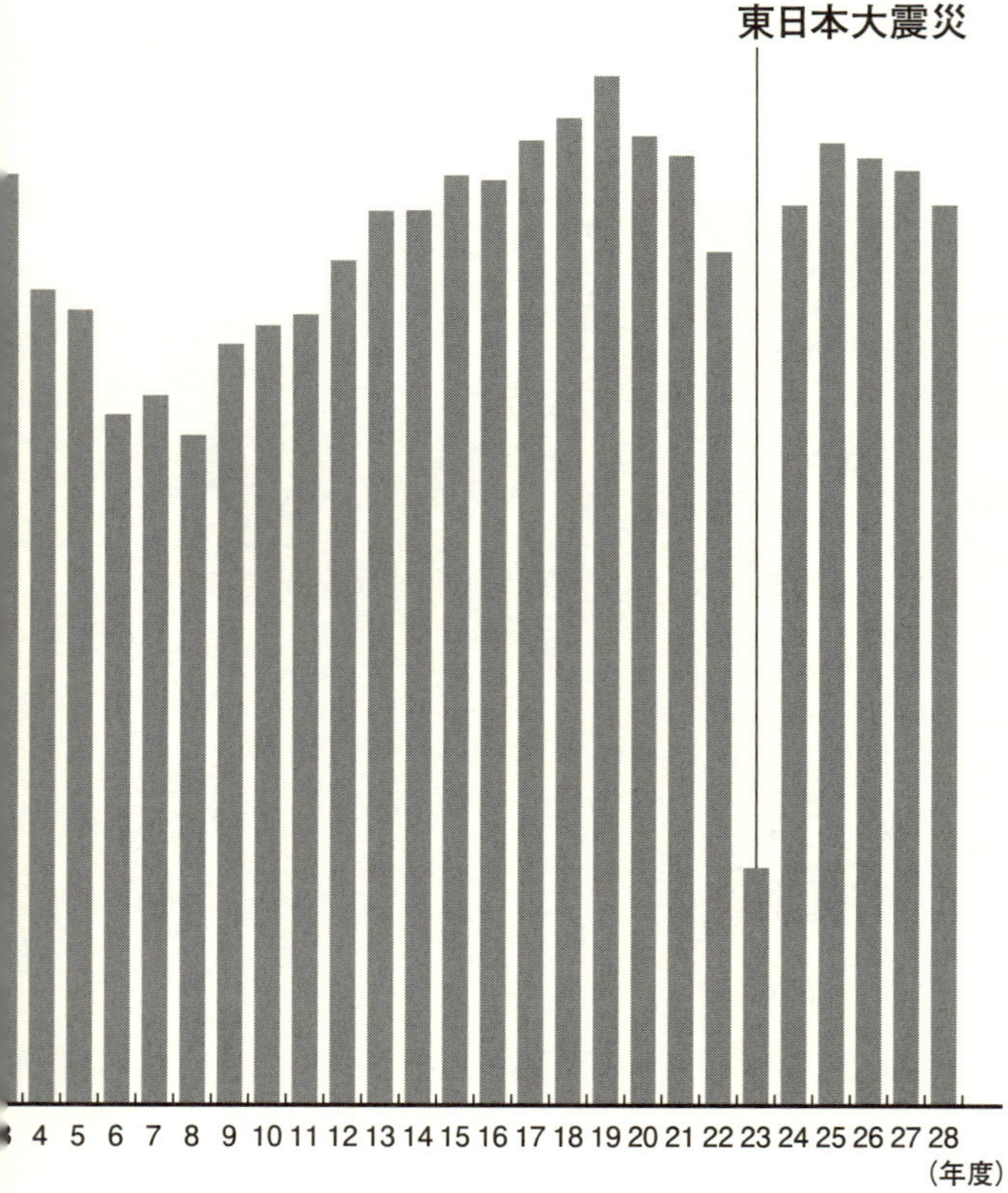
東日本大震災
4 5 6 7 8 9 10 11 12 13 14 15 16 17 18 19 20 21 22 23 24 25 26 27 28
（年度）

常磐ハワイアンセンター・スパリゾートハワイアンズの
入場者数推移

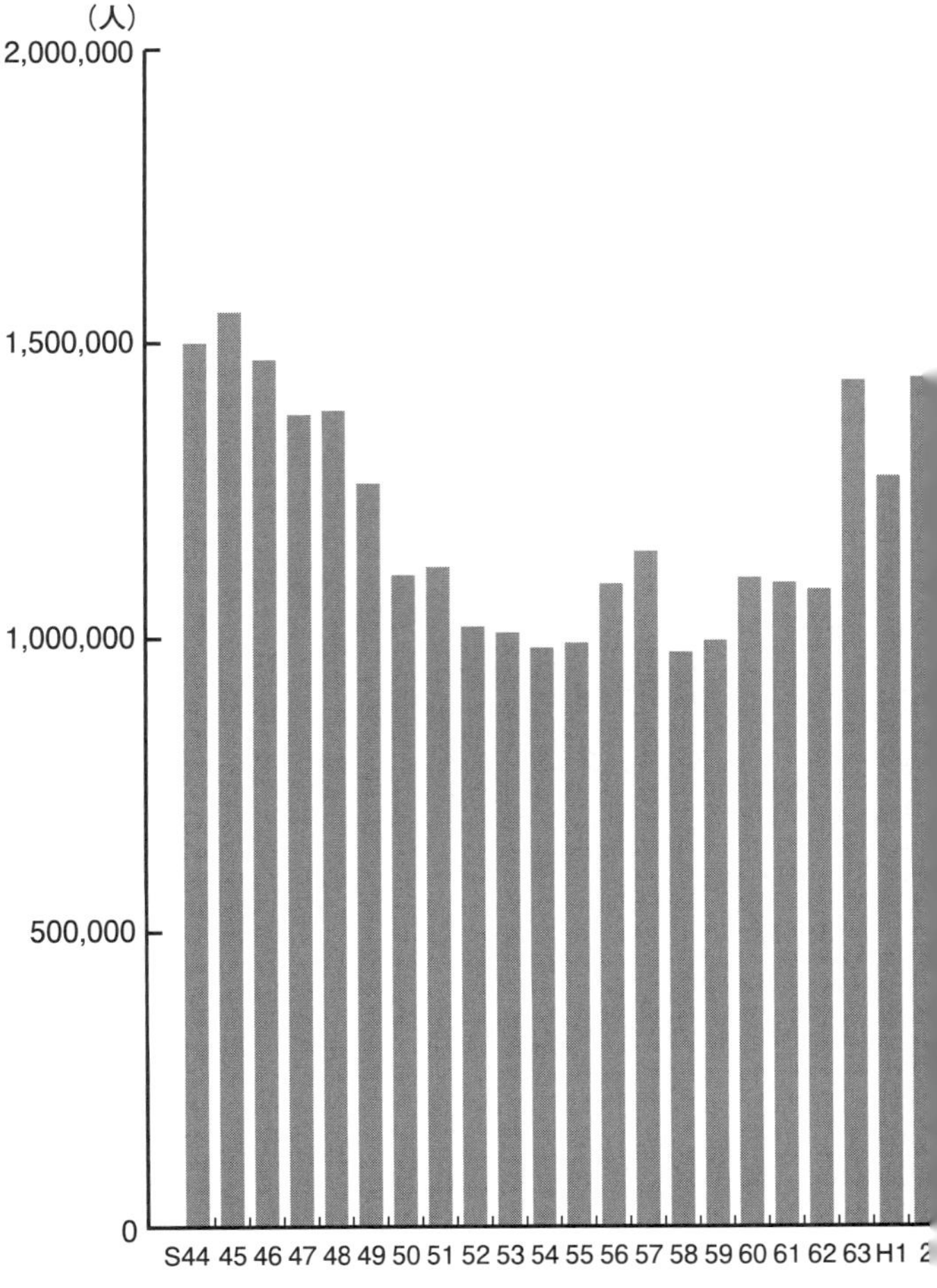

第一章　三・一一からのV字回復

震災の翌年に、震災前を超える入場者数を達成

平成二三年三月一一日、午後二時四六分。マグニチュード九・〇という、日本がそれまで一度も経験したことのない激しい揺れの地震と、それに伴う未曽有の大津波が東北各地を襲った。人々の記憶に今でも鮮明に残る「東日本大震災」である。

死者・行方不明者は宮城、岩手、福島を中心に一万八〇〇〇人を超え、大津波が多くの住宅を奪い去った。その甚大な被害に日本中が震撼《しんかん》した。

あの日を境に、東北の状況は至るところで大きく変わった。それは、福島県いわき市の温泉テーマパーク「スパリゾートハワイアンズ」も、もちろん例外ではなかった。

入場者は前年度の一三三万六一五一人から三七万三五九五人へと大きく減少。当期利益も八九億円のマイナスを計上するなど、会社始まって以来の危機といってもいい事態に陥った。このままでは施設も会社も存続できないかもしれない。会社中の誰もがそんな不安にとらわれたとしても無理はなかっただろう。

しかし、ハワイアンズは不死鳥のように蘇《よみがえ》った。

一部の営業を再開したものの七カ月間の休業を余儀なくされ、再開後は原発事故の風評被害にあえぎながらも、震災翌年の平成二四年度（二四年四月一日～二五年三月三一日）には、早くも震災前を超える入場者一四〇万八四七六人を記録。さらに二五年度（二五年四月一日～二六年三月三一日）には一五〇万七〇六五人と、ハワイアンズ開業以来六回目となる一五〇万人台を達成したのである。

この数字を見る限り、ハワイアンズはさまざまな苦難を乗り越え、見事に立ち直ったといってもいい。一六～一七ページのグラフが示すように、三・一一からの「V字回復」を実現したのだ。

本章ではその過程を追っていきたい。

壊滅的な被害

ハワイアンズは、三月一一日の本震では、不幸中の幸いにも、入場者や従業員に死傷者は一人も出なかった。そして、本震から三日後には、ハワイアンズの依頼を受けて東京から駆けつけてきた建築構造の専門家チームが全館を徹底的にチェック。二週間後には、「構造上の問題点は何もない。補修さえすれば十分使える」との報告を受け、施設のダメージは最小限で済んだことが明らかになった。

そこで、ハワイアンズは六月一日からの再開を内々に決定し、それを目指して準備を進めていた。その時点では、長くとも二カ月半ほどの休業で済み、ハワイアンズにとって一番のかき入れ時である夏休みまでには何とか営業を再開できそうな見通しとあって、社員たちは皆、胸をなで下ろしたものだった。

ところが、四月一一日午後五時一六分に発生した、いわき直下の余震は、たまたま施設の下にあった断層を大きくずらし、三月一一日の本震とは比べものにならないほどの厳しい試練をハワイアンズに与えることになった。施設のあちこちに壊滅的といってもいい大きな被害をもたらしたのだ。

とりわけ、大小の温水プールやフラガールのショーを行うステージなどがあるメインの施設「ウォーターパーク」では、子供たちに人気のウォータースライダー（滑り台）「ワンダーブラック」の階段が土台から一メートル近くも跳ね上がったり、ステージ横の観客席が落ちたりした。そのため、ゴールデンウィーク明けには再開するという当初の計画は、すべて白紙に戻さざるを得なくなった。

当初は、施設が受けた損傷だけでも、復旧にどのくらいの日数や費用がかかるのか見当がつかなかったという。余震の直後にウォーターパークに入ったある幹部社員は、当時を振り返って、こう語っている。

「中に入った瞬間、思わずわが目を疑って息を呑《の》んでしまいました。地震がおさまって何分も経《た》っているというのに、ウォータースライダーがギシギシという不気味な音を立てて揺れていましたし、パーク内のあちこちに大きな損傷がありましたからね。

いつ再開できるのかというより、はたして本当に復旧できるのだろうかと思ったほどのひどい状況でした。これは復旧どころではない。ヘタをしたら、このまま事業を諦めなくてはならなくなるかもしれないと心底心配しました」

それほど深刻な状況に陥ったのである。

「日銭」が入ってこない！

ハワイアンズを運営しているのは常磐興産株式会社である。東京証券取引所の第一部に上場している老舗《しにせ》の企業だ。

一般の人にはほとんど知られていないことだが、同社はハワイアンズの運営という観光事業以外にも、主要取引先である電力会社、製紙会社などへ輸入石炭や石油の販売を行い、さらにはセメント、生コンクリートなどの建設資材を取り扱う専門商社としての別の顔も持っている。

また、それに関連した製造業や運輸業も同社の事業の柱となっており、株式会社常磐製作所、常磐港運株式会社といった会社をグループ企業としている。

同社の九九期（平成二八年四月一日〜二九年三月三一日）の販売実績を見ると、ハワイアンズを中心とした観光事業の売上高が一二六億七一〇〇万円だったのに対して、それ以外の卸売業・製造業・運輸業の売上高合計は二三五億五〇〇万円となっている。同社にとって、むしろハワイアンズ以外の事業の売上高のほうが大きいのである。

それは震災発生時も同じだったが、それでも同社にとって、メインになっているのはあくまでも観光事業である。ハワイアンズを長期間休業しなければならないということは、企業の存続にも関係してくる死活問題にもなりかねなかった。

なぜなら、大切な「日銭」が入ってこなくなるからである。

震災当時、ハワイアンズに勤務していた正社員は三〇八名だった。それ以外に契約社員が三八八名、パート・アルバイトが五八七名いた。正社員以外は毎年三月末に契約更新され、通常であれば自動的に更新されることになっている。

しかし、この時だけはさすがに状況が違った。地震の被害が大きく、再開がいつになるか分からないとあっては、新たに契約を更新するというわけにいかなかったのも当然だっただろう。

こうして、この時点で契約社員、パート・アルバイトは全員解雇せざるを得なかったが、それでも、給与を二〇パーセントカットしたものの、正社員のリストラを実施しなかったことは同社にとって英断だった。

ただ、その時、同社が創業以来初めてといってもいいほどの、ギリギリの状況に追い詰められていたことは間違いない。まさに紛れもなく「崖っぷち」だったのである。

いわきに役員がいない

震災当時、社長を務めていたのが斎藤一彦だった。

斎藤は昭和二〇年、地元いわき市に生まれた。四三年に中央大学法学部を卒業し、常磐湯本温泉観光（現・常磐興産）に入社。ホテルハワイアンズ総支配人、取締役観光事業本部長などを歴任して、平成一四年、社長に就任した。

祖父、父がともに、常磐興産の前身である常磐炭礦《たんこう》で働き、斎藤自身も閉山前の常磐炭礦で研修を受けた際、実際に坑内に入って石炭を掘った経験があるというから、まさに根っからの炭鉱マンである。ハワイアンズには、こうした祖父からの三代目という社員の存在は決して珍しいことではない。

震災当日の三月一一日、常磐興産は東日本橋の東京本社で朝から定例の取締役会を開いており、社長の斎藤以下すべての役員はその会議に出席していた。したがって、いわき市のハワイアンズには役員が一人もいなかった。

しかも、地震が発生したまさにその時、斎藤は地下鉄に乗っていて車内に二時間近くも閉じ込められてしまっていた。そのため夕方五時すぎまで連絡が取れなかったが、その後すぐ、いわきに「お客様と社員の安全を第一に最善を尽くしてくれ。こちらの許可を取る必要は一切ない。すべてそちらの現場判断でやってもらって構わない」と指示を出している。

地震が発生した時、ハワイアンズには週末をここで楽しもうという首都圏からの宿泊客と、日帰り客あわせて約一五〇〇人の人間がいた。その半数以上は、ハワイアンズが宿泊者向けに運行している、東京駅や新宿駅、横浜駅などといった首都圏からの無料送迎バスを利用して、ここまでやって来ていた。

午後一時にこの日に宿泊するお客のバスが到着し、一方、前日宿泊したお客がバスに乗り込み、午後三時の出発を待っていたまさにその瞬間、あの強い揺れが来た。

地震発生とともに常磐自動車道は全面通行止めとなり、JR常磐線もストップした。当然、宿泊客は全員が足止め状態となったが、激しい余震がひっきりなしに続いて危険だったため宿泊客はホテルの部屋には入れない。館内の廊下やロビーなど、比較的安全な場所で毛布にくるまって不安な一夜を過ごすことになった。

称賛された従業員の行動

結果的に六一七名の宿泊客は、震災から三日目の三月一三日朝、ハワイアンズが用意した一八台のバスに分乗。渋滞はひどかったものの、何とか通行できた内陸の国道四号を使い、一三時間かけて東京へと戻ったのだが、彼らはそれからしばらくして、ハワイアンズの従業員たちが、自分たち宿泊客を無事に帰宅させるために、いかに力を尽くしてくれていたのかを知ることになる。

三月末、ある週刊誌に「『スパリゾートハワイアンズ』震災当日の奇跡」という記事が掲載された。これは、たまたま家族と一緒にハワイアンズに遊びに来ていて震災に遭遇した東京の大手出版社の社員が、献身的だったハワイアンズ従業員の姿に感動して書いたものである。

例えば、自らも被災者だった従業員の中には、自宅を津波で流されてしまった者もいたが、それでも職場を離れることなくお客のために力を尽くしたし、宿泊客の東京への輸送にしても、余震が絶えず続く中、前日に四名の社員が二台の車で実際に道路を試走して、道路の状況やルートの安全、使用できるトイレやコンビニの有無などを確認した上で実行したものだった。

この記事はＳＮＳで盛んに取り上げられ、当時、大きな話題となった。従業員の行動はあちこちで称賛された。

それでも、ハワイアンズの従業員たちにとっては「お客様の安全を第一に考え、自分たちができる最善を尽くす」という当たり前のことを当たり前にやったにすぎなかった。決して、誰かに誉《ほ》めてもらおうと思ってやっていたわけではなかったのだ。

フラガールの全国キャラバンをやろう

震災から一週間経った三月一九日、東京本社で緊急の臨時取締役会が開かれた。

その時点では、まだ、いわき直下の余震は起きていない。だから、思ったほど施設内の被害は大きくなかった。

それでも、福島第一原子力発電所の事故の影響から、少なくとも二カ月から三カ月の休業を余儀なくされることが明らかになった今、企業として、これから先どうやって再開まで生き延びていくのかを決めなければならない重要な会議だった。そこに集まった役員たちの表情が一様に厳しかったというのも当然だったろう。

その会議でのことである。社長の斎藤がいきなり、

「フラガールの全国キャラバンをやろうと思っている。休業中に日本全国を回って、フラガールと、いわき市の元気な姿を、一人でも多くの人に見てもらおう」

といい出した。

ハワイアンズでは、ハワイアンセンター開業前年の昭和四〇年、東北地方や首都圏を中心にフラガールのキャラバンを実施したことがある。

この時は、新しくオープンするハワイアンセンターを知ってもらうという施設のＰＲが第一の目的だったが、斎藤はそのことを踏まえて、今回はフラガールが震災で大きな被害を受けた東北の復興のシンボルとなって、その元気な笑顔と姿を全国の人に見てもらおう

と考えたのである。

震災以前、フラガールによる外部出演は地元福島やいわき市が主催する公共的なイベントなどに限定して行われていた。

ただし、その際に、ハワイアンズが会社として彼女たちの出演料はもちろん、交通費や食事代などの諸経費を要求することは一切ない。ハワイアンズにとってフラガールは大事な商品ではあるが、だからといって、公共的な出演で利益を得るつもりはないからだ。それは開業以来ずっと守り続けている、いわばハワイアンズのポリシーともいえるものだ。

そうした背景もあるだけに、この斎藤の提案には、その場にいた全役員が一様に驚愕したという。

これは投資だ

斎藤の提案は、役員たちには受け入れられなかった。それは当然だろう。

ハワイアンズはしばらくの間、休業しなければならない。少なくとも二〜三カ月の間、入場料や館内での飲食、物販などでの収入がまったくなくなるのである。そうした厳しい状況にあって、一円の報酬を得ることもなく、それどころか手弁当でキャラバンをやろうというのだから尋常ではない。何とも無茶な話だ。

普通の経営者であれば、そんなことは考えもしないだろうし、役員であれば、トップがそんなことをいい出せば、反対するのが当たり前だ。

しかし、いぶかる役員たちを前にして、斎藤は、きっぱりとこういい切った。

「たしかに、これから長期休業しなければならない。会社として厳しい状況になることは、もちろん私にもよく分かっている。しかし、その間の人件費は、ムダに過ごせばただのムダ金に終わってしまうが、将来のために使うのであればムダ金にはならない。これは投資だ」

この言葉に、役員たちは黙り込んでしまったという。

斎藤のいうことは理解できる。なるほどそのとおりかもしれない。ただし、今回に限っていえば状況が状況だけに、あまりにもリスクが大きすぎると思ったのだ。

結局、その日の会議の席上では、実施の可否に関して結論が出ることはなかった。それでも、斎藤はその会議からわずか九日後の三月二八日、朝日新聞の取材を受けると、役員

たちの退路を断つため、あえてフライングを承知の上で、

「フラガールの全国キャラバンをやります。われわれの故郷である福島を、そして、いわきを必ず復興させます」

と力強く宣言してしまった。

そして四月四日、「フラガール、復興の旗振る　45年ぶり全国巡業復活へ」の見出しとともに、その話は大きな記事になって紙面を飾った。

従業員へのメッセージ

話が一気に公になったことで、キャラバンの実施を不安視していた役員たちも、全員、腹をくくった。

「こうなったらやるしかない」

こうして、「フラガール全国きずなキャラバン」は、その第一歩を踏み出すことになった。

あの時から六年が経ち、斎藤が一つの真実を明らかにしてくれた。

それは、斎藤が全国キャラバンの実施を初めて口にしたのは、三月一九日の臨時取締役会の席ではなく、それよりもっと前だったということだ。

「地震直後、翌日か、その次の日くらいには、すでに私の頭の中にはキャラバンの構想が浮かんでいた。今やるべきはそれしかないと思った。そこで、三月一六日の朝一番に営業本部の営業企画室長だった若松（貴司、現・執行役員）を呼んで『フラガールの全国キャラバンをやる。大至急、準備をしてくれ』と指示した。若松はびっくりして『社長、何いってんですか』っていいたいような顔をしていたね。

会社がしばらく厳しい状況になることは分かっていたが、どんなことがあっても負けない、必ず復活するんだと思っていたし、従業員にも、そういう強い気持ちを持っていてほしかった。しかし、言葉でいってもそれはなかなか伝わらない。全国キャラバンをやると宣言したことは、必ず復活するという、従業員に対する私のメッセージでもあったんだ」

従業員研修も将来への投資

休業中のハワイアンズが行ったのは、フラガールの全国キャラバンだけではなかった。

件《くだん》の臨時取締役会の席上、斎藤は、こんな提案もしている。

「この際、日頃できない従業員研修もきっちりやろう。もちろん、これもまた将来に向けての投資だ」

開業以来約五〇年、前身のハワイアンセンター時代を含めた長い歴史の中でも、ハワイアンズがこれほど長期間にわたって休業するというのは一度もなかったことだ。

震災後二カ月半経った五月二三日から、休業中のホテルハワイアンズが、いわき市の北に隣接する広野町《ひろのまち》（双葉郡）の人々の避難所として使われることになった。

それまで休業になった館内の後片付けや掃除ばかりに従事していた従業員たちにとって、広野町の住民たちの世話をすることは、久しぶりの「お客様相手」の仕事だった。それだけに避難所となったことは嬉《うれ》しいことだったが、仕事の内容に比して従業員の数が余ってしまう。

そこでハワイアンズは、ホテルのフロントマンやレストラン・売店などの若手従業員を、交代で、箱根プリンスホテル、長崎のハウステンボスに研修に出した（期間は七月中旬から八月末日までの約五〇日間）。箱根には延べ一一人、長崎には延べ二〇人、合計三一人の従業員が派遣された。そして、この間のそれぞれの給与は、もちろんハワイアンズがこれまでどおりに支払った。

フラガールの全国キャラバン同様、休業でしばらくの期間、日銭がまったく入らないことを考えれば、大きな出費であることは間違いない。

しかし、たしかに斎藤がいうように、これは将来に向けての投資だろう。事実、研修に出かけた従業員たちは、全員、日頃は味わえない貴重な体験を通じて何らかの収穫を得て戻り、それぞれの仕事に生かしている。

また、研修を通じて、ハワイアンズと各地のホテル、テーマパークがお互いの事業を協力し合うようになったケースもあるという。

斎藤にしてみれば、全国キャラバンも従業員研修も、「これは投資だ」とはいったものの、ある意味、やむにやまれぬ苦渋の選択だったのかもしれない。

それにもかかわらず、この会社には、どんな苦難を迎えた時でもつねに前を向いて、誰に頼ることなく自分たちの力で今やるべきことを考え、立ち止まることなく進んでいこうという気風がある。

全国きずなキャラバン、スタート

フラガールによる「全国きずなキャラバン」は震災から一カ月半経った五月三日、いわき市内の避難所からスタートした。

震災当時に在籍していたフラガールは総勢二九人を数える。三月一一日以降、ハワイアンズが休業となったため自宅待機を余儀なくされていた彼女たちの中には、自宅を津波で流されてしまったため家族と一緒に避難所に身を寄せていた者もいれば、原発事故で自宅が避難区域に指定されたため、福島県外で生活している者もいた。

彼女たちもまた、紛れもなく被災者だったのだ。

そんな彼女たちが震災後、初めて顔を合わせたのが四月一八日のことだった。まもなく始まるキャラバンに備えて、二二日から再開する合同練習を前に今後のことを話し合うため、常磐音楽舞踊学院（以下、学院）のレッスン場に集まったのだ。

当時、リーダーとしてメンバーをまとめていたマルヒア由佳理こと加藤由佳理がいう。

「『練習を再開することになったから、来られたら来てね』と全員にメールで連絡を入れました。でも、メンバーはみんな、それぞれがいろいろな事情を抱えていましたから、来たくても来られない子もいるでしょうし、中には、本人は来たくても、ご両親が反対する場合もあるかもしれません。ですから正直なところ、半分の一五人が来ればいいかなと思っていました」

それはマルヒアだけではなかった。学院開設当初から今日まで、五〇年間一貫してフラガールの指導にあたっている学院最高顧問のカレイナニ早川（早川和子）も、自ら率先してキャラバンを提案した斎藤も、事情が事情だけに、（全員が揃《そろ》うことはないだろう。取りあえずは集まったメンバーで、できることを精一杯やるしかない）と考えていたという。

二九人全員が顔を揃える

ところが、当日ふたを開けてみると、学院のレッスン場には誰一人欠けることなく二九人のメンバーが全員集まり、再会を喜び合っていたのだ。練習が始まると、久しぶりに仲間と一緒に踊ったことに感激したのか、泣き出す子が何人もいた。

そんな彼女たちの様子の報告を受けた斎藤は、その瞬間すぐに、（間違いない。絶対にうまくいく）と、キャラバンの成功を確信したという。

「故郷やハワイアンズの一大事に、彼女たちの誰もが『なんとかしなくては』と思って駆けつけてきたんだろう。これなら、キャラバンは絶対にうまくいくと思ったね」

ちなみに、ハワイアンズの休業で踊る場所を失ってしまったフラガールについては、こんなエピソードが残っている。フラガールがキャラバンを行うという報道の直後、西日本のあるレジャー施設から、休業期間中にフラガールを貸してもらえないかという申し入れがあったのだ。それも、ハワイアンズがびっくりするような「かなりの金額」を提示して、である。

もちろん、その申し入れは丁重にお断りしたそうだが、同業他社にとって、フラガールがいかに価値の高い魅力的なコンテンツであるかを物語るエピソードといえるだろう。

大きな反響

五月三日、いわき市内の避難所からスタートした全国きずなキャラバンが、初めて一般の観客を前に行われたのは、五月二一、二二日の二日間、新宿髙島屋での東京公演だった。

東京キャラバン公演のステージ

きずなキャラバンの一番の目的は、もちろん福島の、そして、いわきの復興をフラガールを通じて認知してもらうことにあった。

しかし、口にはしないものの、常磐興産が「再開後のハワイアンズへの集客」をも意識していたことはいうまでもない。それは、利益を上げなくてはならない一私企業としては当然のことだ。

となると、ハワイアンズにとって地元を中心とした日帰り客ももちろん大切だが、経営的に見れば、宿泊を伴う東京を中心とした首都圏の客が、きわめて大事になってくる。それだけに、東京でのキャラバンが成功するか否かはハワイアンズにとって大きな賭けでもあった。

結論からいえば、そうした状況のもとでの東京キャラバン公演は大成功だった。

二日間で合計七回行われたステージは、両日とも朝早くから駆けつけてきた支援の人々や熱心なフラガールファン、ハワイアンズファンで、用意された椅子があっという間に埋まる大盛況を呈した。ステージが始まる時には、すでに次のステージを待つ人が長蛇の列を作るほどだった。

また、この日を皮切りに、きずなキャラバンの模様は新聞、テレビ、雑誌などさまざまなメディアが繰り返し取り上げ、キャラバンの存在が広く世間に知られることになった。そして、それはハワイアンズの知名度・好感度アップにつながり、施設再開後の集客にも大きく貢献した。

斎藤が役員たちを前に「これは投資だ」と啖呵《たんか》を切ったその言葉は、決してウソでもハッタリでもなかったのだ。

いわきのトマトはいらない

何もかもうまくいったように見えた全国きずなキャラバンだったが、当事者であるフラガールには、苦難の五カ月間だった。

キャラバンが評判になるにつれて、全国からの出演依頼が殺到。あまりの数の多さに、そのほとんどを断らなくてはならなかったものの、それでも彼女たちのスケジュールは過酷を極め、北から南へ、西から東へと、連日飛び回る日々となったからだ。

北海道や九州といった遠方はさすがに飛行機を利用したが、それ以外は、行きも帰りも自社のバスで行く。そのほとんどは何時間もかけて移動して、三〇分踊って戻ってくるという、そんな非日常の毎日が続いた。ステージとはいえないような体育館の片隅や公園の即席の舞台で踊ったこともあった。

途中からチームを三つに分け、より効果的に回れるようにローテーションを組むことにしたものの、いくら若い彼女たちとはいえ、精神的にも肉体的にも、かなりきついスケジュールだった。途中で落伍者《らくごしゃ》が出たとしても不思議ではなかった。

加えてキャラバン中、折りに触れて「福島＝放射能汚染」という風評被害を目の当たりにすることも多かった。

例えば、平成二三年七月一日。この日の夜、東京ドームでのプロ野球セントラル・リーグ公式戦、巨人・中日戦は、いわき市が協賛した「がんばっぺ！　いわきナイター」と銘打って開催された。

フラガールたちには、試合中のアトラクションとしてグラウンドで踊りを披露するとともに、試合前、球場にやって来た観客に、レイと、いわき産のトマトをプレゼントするという役目があった。いわき市は、東京よりも年間日照時間が長く、美味《おい》しいトマトの産地として有名なのである。

ところが多くの人が、レイは喜んで受け取りながらも、「いわき産のトマト」と聞いただけで困ったような表情になり、手にしようとはしなかったのだ。中には、一度もらったトマトを返しに来たお客さえいた。

いわきに行こうと思ってくれれば

また、こんなこともあった。

キャラバン中も、各地の自治体や企業への表敬訪問などにはフラガールが必ず同行した。ある時、大手の旅行代理店を訪ねた。施設再開の暁には、ハワイアンズに一人でも多くのお客を送ってもらわなければならない。そのためには欠かすことのできない大事な営業活動だ。

すると、「ハワイアンズへの旅を勧めてほしい」という営業部員に向かって、旅行代理店の人間がいった。

「青森や岩手など東北に行きたいというお客さんはたくさんいるんです。ところが一〇人が一〇人、『東北に行くのはいいが、福島を通らないルートにしてくれ』って、そういうんですよ。もちろん私たちも、何とかして福島にお客さんを送ろうと思ってはいるのですが、お客さんの拒絶感はかなり強い。正直なところ、しばらくはダメでしょうね」

できることなら知りたくなかった残酷な現実を耳にしてしまうのも、キャラバンの常だった。

そんな状況を知って、当のフラガールたちは、どんなことを考えながら踊っていたのだろうか？　自分たちの手ではどうすることもできない風評被害を、いったいどうとらえていたのだろうか？

筆者は以前、きずなキャラバンを同行取材していた時、マルヒア由佳理に、その疑問を投げかけてみたことがある。

「私も、いつかは結婚して子供を産むと思うのです。もし自分に小さな子供がいたら、安全を確保したいと考えるのは、母親としては当然のことでしょう。応援したいという気持ちとはまた別の問題ですから、風評被害を恨んだり、嘆いたりするつもりはまったくありません。

ただ、今キャラバンを続けているのは、私たちの踊りを見てくださった方が『福島や、いわきに行ってみようかな』と、ほんの少しでもいいから思ってくれればと願っているから。それだけです」

マルヒアは、きっぱりといった。

東北復興のシンボルに

「全国きずなキャラバン」の成功。ここにも、ハワイアンズが五〇年続いた秘密の一端があると筆者は考える。

フラやフラガールに対する風当たりが強かった五〇年前、初代のフラガールたちが、崩れゆく炭鉱社会と家族の生活を、自分たちの手で何とかしなくてはいけないと頑張ったのと同じように、平成の世のフラガールたちも、未曽有の大地震と原発事故で危機に直面した故郷を目の当たりにして、今こそ自分たちが立ち上がらなくてはならないと思ったのだろう。

当時を振り返って、斎藤がいう。

「キャラバンをやるという指示を出したのは私だが、成功したのは、もちろん彼女たちの頑張り、それがすべてだ。あの時、メンバーの多くが地元いわきを中心とした福島県の出身だったというのが大きかったと思うね。そうでなかったら、途中で挫折していたかもしれない」

こうして、一〇月一、二日に地元いわき市の21世紀の森公園で行われた「がんばっぺ！いわき復興祭」のフィナーレステージまで、キャラバンでの公演は韓国・ソウルを含めて二六都道府県、一二四カ所、二四五回に達した。

その結果、フラガールの知名度アップ、イメージアップに大きく貢献。福島、いわきはもちろん、東北復興のシンボルとしてハワイアンズ再開後の復興支援の大きな力となった。

「フラガールの全国キャラバンをやります。われわれの故郷である福島を、そして、いわきを必ず復興させます」

斎藤の言葉が、まさに現実のものとなったのだ。

「FUKUSHIMA」で国際会議を

震災発生後、風評被害にあえぐ福島を念頭に、社長だった斎藤が事あるごとに口にしていたことがある。それは「福島で国際会議を開きたい」ということだった。

それまで、海外でほとんどといっていいほど知名度のなかった福島が、震災以後、「FUKUSHIMA」として世界中の注目を浴びるようになった。もちろん、それは「いい意味」ではない。そのマイナスイメージを払拭するためにも、斎藤は福島での国際会議開催を熱望したのだ。

そして、震災から四年、ついに実現したのが、平成二七年五月二二、二三日、ハワイアンズを主会場に開催され、安倍晋三《あべしんぞう》首相をはじめ各国・地域の首脳が顔を揃えた「第七回太平洋・島サミット」だ。

太平洋・島サミットは、正式名を「日本・太平洋諸島フォーラム首脳会議」といい、日本が太平洋島嶼国《とうしょこく》との関係を強化するため、平成九年以降、三年ごとに日本で開催している国際会議である。

今回はフィジー、サモア、オーストラリア、パラオなど日本を含めた一七の国・地域の首脳がハワイアンズに集い、太平洋島嶼地域の繁栄を目指した議論が行われたが、首脳級が集まる国際会議が福島県内で開催されるのは初めてのこと。世界に向けたFUKUSHIMA発の、久しぶりに明るい話題になった。

これまで太平洋・島サミットは、東京、宮崎、沖縄、北海道で行われてきた。福島県といわき市は以前から踊りなどを通じて、太平洋諸国との関係を深めてきたこともあり、震災以前から誘致のための活動を地域ぐるみで継続的に行ってきた。

ところが、そのさなかに東日本大震災が起き、原発事故が発生した。福島のイメージダウンを受けて、いわきでの開催はほぼ無理だろうといわれた。

それでも、常磐興産の社長であるとともに、いわき市の商工会議所副会頭（当時）、いわき観光まちづくりビューロー（旧いわき市観光物産協会）会長など地元団体の要職を務めていた斎藤は決して諦めなかった。関係各所に何度となく自ら足を運び、誘致に向けての陳情を繰り返した。民主党政権時代に、地元福島出身の玄葉光一郎が外務大臣になったことから、平成二四年の第六回太平洋・島サミットの親善大使にフラガールが就任したことも誘致につながった。

そしてついに、地道な努力の数々が実を結び、平成二五年一〇月二六日、岸田文雄外務大臣、ムラー・マーシャル諸島共和国外務大臣の共同議長のもと、各国・地域からの関係者が集まった第二回中間閣僚会合において、平成二七年五月、いわき市で第七回太平洋・島サミットが開催されることが正式に承認された。

加えて、次回平成三〇年の第八回太平洋・島サミットも、引き続き、いわき市で開催されることが決定した。東日本大震災からの復興をさらに後押ししてくれることになりそうだ。

モノリスタワーの開業

平成二三年一〇月一日の一部再開を経て、翌二四年二月八日、ハワイアンズはやっとグランドオープン（全面営業再開）にこぎつけた。それは、三月一一日の本震と、四月一一日のいわき直下の大きな余震で再開が危ぶまれたほどの大打撃を受けてから、約一一カ月ぶりのことであった。

その時、満を持してオープンしたのが地下一階・地上一〇階・全一二〇室の新ホテル「モノリスタワー」である。当初は二三年一一月のオープンを予定していたが、震災によって延びていたのだ。

それでもハワイアンズにとって、建設中の建物に大きな損傷がなかったのは不幸中の幸いだった。総工費は約四五億円。震災発生時には約八割が完成していた。もし、建物に大きな損傷を受け、途中で建設中止や工事のやり直しなどということにでもなっていたら、それこそ会社の存亡にも影響を与えかねなかった。

モノリスタワーは「ハワイアン&スパ」をコンセプトに、二二時間ステイ（チェックイン一三時・チェックアウト一一時）を実現した、住まう感覚の「客室」、炭鉱の坑道とポリネシアに生息する巻き貝をイメージした「二つの温泉」、さらに、フレンチポリネシアンをモチーフにした「バイキング料理」の三つの柱からなる、まさに半世紀にわたってハワイアン文化、ポリネシアン文化を追求してきたハワイアンズならではのホテルといえるだろう。

全面再開後、風評被害によって宿泊者数が大きく落ち込んだ中でも、モノリスタワーの評判はすこぶるよかった。モノリスタワーを体験した人の多くがリピーターとなったことは間違いなく、三・一一からのV字回復にこのホテルが果たした役割はとてつもなく大きかった。

またグランドオープンに合わせて、ハワイアンズは新たなコンセプトと新ロゴマークを発表した。

新コンセプトは、開業以来、今日まで継承してきた「一山一家《いちざんいっか》」の理念に基づく「きづなリゾート」である。それは、炭鉱から観光への転身を踏まえ、震災からの復興、そして未来へとつながる第二の転換期の旗印としたもので、「人と人との結びつき、離れないようにつなぎとめる綱」を意識して「つな」を用い、「きづな」と表記している。また、新ロゴマークは、「きづな」と五つのテーマパークを虹とフラガールで表現している。

そして、この「きづなリゾート」という新コンセプトを受けて、ハワイアンズは、「家族や大切な人がつながる場所と時間をたくさん創り、温泉、フラガール、スタッフが一枚岩になって元気と感動を届け、お客様に忘れられない思い出と心がときめく新しい愛と希望をつくり続け、日本一のワクワク楽園を目指す」ことを高らかに宣言した。

さまざまな苦難を乗り越え復活！

「全国きずなキャラバン」の成功を受け、震災後も、フラガールは地元いわきや福島のみならず、東北復興のシンボルとして全国区の人気を集めた。フラガールがこれだけの注目を浴びたのは、映画「フラガール」以来のことだろう。その活躍は、震災後もまだまだ続いた。

平成二五年には「イムア・未来へ～ネバーギブアップふくしま」をコンセプトにした全国学校キャラバン「フラガールきづなスクール」を実施。フラガールが全国の小学校に出向いて、三・四年生を中心とした子供たちを対象とした出前授業を行い、震災にも負けず福島が頑張っている姿や、未来を決して諦めないという気持ちを伝えた。

また、同じく二五年には、原発事故の風評被害にあえぐ福島県産物の安全・安心を広く呼びかけるため、ＪＡ全農福島の委託を受けて、フラガール全員が「ふくしま農業ＰＲサポーター」に就任。農作業の実体験、地元や首都圏でのイベントに参加することで福島の農業ＰＲ活動に努めた。

こうしたフラガールの頑張りは、少しでも東北復興の役に立ちたいという人々の思いを呼び起こし、ハワイアンズへと足を運ばせることになったのである。

第二章　創業者の経営哲学

夢の島ハワイ

国土交通省観光庁の調べによると、平成二七年に海外に旅行した日本人の数は一六二一万人。ここ数年の円安を背景に、多少減ってきているとはいえ、依然として高い数字を示している。

今や日本人にとって、海外旅行は手軽なレジャーの一つである。中でも、ハワイへの旅行客は年間約一五〇万人を数え、アメリカ本土からの観光客を除くと、カナダの約二四万人を大きく上回る。日本人は世界一の「ハワイ大好き国民」なのだ。

しかし、ハワイアンセンターが開業した昭和四一年当時、庶民にとって、ハワイはもちろん海外に旅行すること自体、夢のまた夢だった。誰もがそう簡単に海外に行けるわけではなかった。

戦後の日本で観光目的の海外への渡航が自由化されたのは、昭和三九年四月のこと。アジアでは初めてとなる第一八回東京オリンピックの開催を半年後の一〇月に控え、国際化に向けて日本が一歩足を踏み出そうとしていた時だった。

ただし、自由化が実現したとはいえ、渡航は一人年一回、外貨の持ち出しは五〇〇ドルまでという制限付き。しかも、自由化から一週間後の四月八日に羽田を出発した戦後初めてのＪＴＢ主催による「第一回ハワイダイヤモンドコース旅行団」の旅行代金は、七泊九日で三六万四〇〇〇円もした。

三六万円というその金額は、当時の国家公務員の大学卒初任給が一万九一〇〇円だったことから考えて、現在の物価に換算すると、約四〇〇〇万円にもなる。この頃の海外旅行がいかに高額で、限られた人だけのものだったかがよく分かるだろう。

昭和三八年一〇月にスタートし、毎週日曜日の夜に放送されていた「アップダウンクイズ」という人気番組があった。六人の解答者がゴンドラに乗ってクイズに挑戦し、正解するごとにゴンドラが一段ずつアップ。一〇問正解するとハワイ旅行と賞金がもらえるというクイズだった。

見事一〇問正解した解答者が出ると、飛行機のタラップを模した階段が設置され、キャビンアテンダント姿のアシスタントからレイをかけてもらった解答者が満面の笑みで階段を下りてくる。六〇歳以上の読者なら、そんなシーンを覚えているかもしれない。

今では誰もが気軽に行けるハワイが、「死ぬまでに一度は行ってみたい夢の楽園」だった時代。そんな時代に東北の福島にオープンしたのが「常磐ハワイアンセンター」だったのである。

花形産業が一転、斜陽産業へ

現在、ハワイアンズを運営している常磐興産の前身は福島県いわき市・茨城県北茨城市を中心とした石炭会社、常磐炭礦であり、現在の社名に変更されたのは昭和四五年のことだった。

政府の指導により、明治一七年創設の磐城炭礦と明治二八年創設の入山採炭が合併して、昭和一九年に誕生した常磐炭礦は、本州最大の炭田「常磐炭田」の中核企業として大いに繁栄した。そこから産出される石炭は低カロリーで、質こそあまりよくなかったが、大消費地である首都圏に近いという地の利に恵まれていたからだ。

ちなみに現在のJR常磐線も、もともとは常磐炭田の石炭を首都圏に運ぶための貨物路線として敷設されたものである。

会社設立以来、常磐炭礦の事業は順調に推移し、日経平均株価が二四五円だった昭和二七年には同社の株価は二九五〇円をつけ、全国法人所得番付第七位を記録。翌二八年には東京・東銀座の一等地に無借金（！）で二〇〇坪の土地を買って本社ビルを建設するなど、石炭が「黒いダイヤ」ともてはやされた昭和二〇年代、戦後の日本経済の復興を支えた常磐炭礦は、まさにこの頃、時代の先端を行っていたといってもいい。当時の同社の営業マンは、いかに石炭を売るかではなく、国策にしたがって、どこにどれだけ割り振るかを考えるだけでいいという、そんな時代だったのだ。

ところが、昭和三〇年代に入ると、それまでの状況がウソのように一変した。国が石炭から石油へとエネルギー政策の転換を明確に打ち出したため、それまで花形産業だった石炭業がまたたく間に斜陽産業へと落ち込み、窮地に立たされることになってしまったのである。

一日三交代の二四時間操業が基本となる炭鉱は、その特殊な勤務体制から多くの従業員を抱えていた。昭和二〇年代から三〇年代初頭当時、常磐炭礦には約一万六〇〇〇人の従業員が働き、その家族を含めると約六万人もの人間が常磐の地に暮らしていた。

だから、もし、炭鉱が閉山ということになれば、その一万六〇〇〇人の従業員が職を失うことはもちろん、その家族にも影響を及ぼすばかりか、炭鉱に関連する仕事をしていた地域の人たちも職を失って路頭に迷ってしまうことにもなりかねない。

常磐炭礦という一企業だけではない、いわきという地域の存亡にも関わる事態に直面して人一倍危機感を募らせたのが、当時の常磐炭礦副社長、中村豊だった。

中村天皇

中村豊は明治三五年、佐賀県東松浦郡北波多村（現在の唐津市）の生まれである。父親が唐津炭田の小さな炭鉱の経営者だったこともあり、東京帝国大学経済学部を卒業すると、昭和二年、常磐炭礦の前身である入山採炭に入社。常磐炭礦となった後は東京本社に勤務し、主に経理全般を指揮していた。

首都圏に一番近い炭鉱の中核企業だった常磐炭礦には、地元いわきの出身者だけでなく、全国から優秀な人材が集まったという。中村もその一人だったのだ。

昭和四一年、ハワイアンセンター開業当時の中村を知る数少ない一人が、常磐興産の元取締役企画室長・坂本征夫である。地元いわきの出身である坂本は、四二年、常磐炭礦に入社。坂本の祖父も父も常磐炭礦で働いていた。

「私のオヤジは徳治という名前で、当時、常磐炭礦の労務課に勤めていて中村さんの秘書のようなことをしていました。オヤジはなぜか中村さんに気に入られていたようで、トーとかトーやんとか呼ばれて、仕事はもちろん、夜のお酒や麻雀のお付き合いまでずっと中村さんと一緒でした。

中村さんは運転手付きの大きなクライスラーに乗っていて、毎朝それで家までやって来るのです。そして、大きな声でトー、トーと呼ぶと、運転手と車をそこに置いて、オヤジと一緒に散歩に行っていましたね。

中村さんは長身でがっちりした体格の持ち主でした。当時としてはひときわ体が大きくて、見た目もですが、やることなすことすべてに迫力がありました。

社内では中村天皇と呼ばれていて、一般の社員に対しては心優しく接する人でしたが、幹部社員にはひじょうに厳しくて、部長や課長は誰もが中村さんの前に出ると直立不動で受け答えしていましたね。口グセは『それには及ばん。あとはワシがやる』、そして『企業の使命は差別化ではなく独自化だ。そうでなければならない』というものでした。

それと公私混同は許さない人で、いつだったか、こんなこともありました。毎年夏になると、中村さんが音頭を取り、日光の保養所に行って泊まり込みで麻雀をやるのが恒例になっていたのです。ところが、ある年の夏、車に食材倉庫の肉やウイスキーを積み込んでいるのを見た中村さんが、『せこいマネをするな』と烈火のごとく怒って、その夏は中止になってしまったんですよ」

まだ早い!

昭和一九年に入社して以来、五三年まで常磐炭礦に勤務した猪狩勝己が、退職後、石炭業から観光業へと転換していく様子を記録して自費出版した『ハワイアンセンター物語』という本がある。後年の大ヒット映画「フラガール」のベースになった本だが、その中で猪狩は、

「中村氏は常に基礎的な調査を綿密に行なう人である。外部の人には意表を突く行動に見えることでも、着実な調査に基づいて確信を持って行なっている。温泉の将来についても識者の意見を広く集め、過去の実情を検討することに時間をかけた。（中略）中村氏は他人の意見に耳を傾けるが、他人のアイデアに追従することを望まない」

と、中村を評している。

さらに、新入社員として経理部に勤務していた若かりし日の斎藤も、中村のことをよく覚えている。

「明治生まれの人だけに何事にも厳格だったね。新人だった私は、毎朝八時半に前日の売上の報告書を持って、中村さんのところに行くことが日課になっていたんだけど、遅れちゃいけないと思って二、三分前に持っていくと『まだ早い！』と大きな声で怒鳴られた。

決めたことは決めたとおりにやらないと気が済まないんだ。

とにかく頭が切れて発想が豊か。スケールの大きな人だった。あんな人は今でもなかなかいないと思うね」

雇用の確保

中村が炭鉱の危機に直面して第一に考えたのが、雇用の確保だった。迫りくる閉山に備えて炭鉱にあるさまざまな部門を分社化し、新会社に従業員を移籍させようというのだ。

例えば、その一つが、雇用とともに石炭の売り場所を確保することを目的とした常磐共同火力発電所の設立（昭和三〇年）である。中村は東京電力、東北電力といった電力会社、通産省（現・経済産業省）、常磐炭礦の相互の意思疎通を図るために綿密な計画を立て、その実行を積極的に進めていった。

同発電所以外に結果的に立ち上げた企業は、電機会社や建設会社、コンサルタント会社など三五社。病院やスーパーもあった。

しかし、そうやっていくつかの新会社を設立しても、一万六〇〇〇人の従業員すべての雇用を確保することは難しい。

そこで中村が考えたのが、今ある炭鉱の財産を利用して、もっと規模の大きな新規事業を展開するということだった。そのため、昭和三九年には副社長を兼務しながら、新たに設立した常磐湯本温泉観光の社長に就任した。

一トンの採炭に四〇トンの温泉

常磐炭礦は、もともと劣悪な労働環境で知られる炭鉱だった。

その理由の一つは、地層が激しい褶曲《しゅうきょく》を受けているため、石炭層まで到達するには地下へとひたすら掘り下げていくしかなく、もっとも深いところでは地下一〇〇〇メートルにも達していたということだった。

そしてもう一つが、一トンの石炭を掘るたびに坑内から湧き出てくる四〇トンもの温泉だった。その温泉のために、坑内はつねに高温多湿の場所となり「灼熱《しゃくねつ》の常磐炭礦」という異名まであったほど。一回に作業できる時間はせいぜい二〇分程度で、二〇分経つと坑内に設けられた水風呂で体を冷やさなければ作業を続けることはできなかった。

経営者にしてみれば、温泉を坑内から排除するその費用が一番の頭痛のタネだった。何しろ坑内から温泉を汲《く》み上げて処理するだけで、当時の金額で年間二億円もかかっていたからである。

常磐炭礦のあった湯本町には有馬温泉、道後温泉と並ぶ日本三古泉の一つ、いわき湯本温泉があり、石炭の採掘をするたびに地底の泉脈を破壊していたのだが、それだけ多量の温泉を処理しなければならない炭鉱は日本はもちろん世界広しといえども、この常磐炭田だけだった。

ちなみに、いわき湯本温泉の開湯の歴史は古く、奈良時代にまでさかのぼるといわれている。

言い伝えによると、ある時、傷を負った一羽のタンチョウヅルをかわいそうに思った一人の旅人が傷口を丹念に洗い流してやったところ、数日後、元気になったツルが天女に化けて現れ、旅人に「この佐波古の湯を開くべし」と書かれた巻物を授けた。すると、それ以来、この地に温泉が栄えたのだという。

一万円札を川に捨てているようなもの

いわき湯本温泉は、今でも毎分五・五トンという豊富な湯量を誇る。江戸時代には年間二万人もの湯治客で賑《にぎ》わい、現在でも多くの人が訪れる全国でも有数の温泉である。

しかし、その温泉も採炭には邪魔な存在でしかなかった。

常磐炭礦では坑内から湧き出た温泉の一部をいわき湯本温泉街に送っていたが、それ以外のほとんどの湯は、地元を流れる新川や藤原川にそのまま廃棄していた。

まだ自然環境に対する配慮などほとんどの人が関心を持っておらず、行政の指導も現在ほど厳しくなかった時代の話である。温泉が流れ込んでいた新川や藤原川は、年中、川面《かわも》から湯気が立っており、新川、藤原川という正式な名称がありながら、地元の人たちは誰もが「湯川」と呼んでいたという。

当然のことながら、この事態を見て、常磐炭礦の従業員の中にも、

「むざむざ捨ててしまうのは何とももったいない。これでは一万円札を川に捨てているようなものだ。この温泉を何とか事業に活用できないものか」

と考える人もいた。それも一人や二人ではなく、多くの従業員がそう考えていたことは

間違いない。

しかし、だからといって具体的にどう活用したらいいのかというアイディアがあるわけではない。

そんな中、実現に向けて一人真剣に、着々と構想を練り上げていたのが誰あろう、中村だった。

船橋ヘルスセンターに学ぶ

炭鉱業の斜陽化がさらに進み、中村が新たな事業を必死になって模索していたちょうどその頃、首都圏では、千葉県船橋市に昭和三〇年に開業した総合レジャー施設「船橋ヘルスセンター」が人気を集めていた。それは現在の「ららぽーとＴＯＫＹＯ－ＢＡＹ」がある辺りにあった。

船橋ヘルスセンターには、海岸に面して「ゴールデンビーチ」と称された人工のビーチや海水プールを中心に、ローマ風呂、岩風呂などの各種入浴施設、さらには遊園地やローラースケート場、宿泊施設や有名芸能人のショーが楽しめる舞台付きの大広間などがあり、子供から老人まで誰もが一日をゆっくり遊べる数少ないレクリエーションの場所として、連日、観光バスで多くの団体客が詰めかけた。首都圏に位置していたロケーションのよさや他に類似の施設がなかったこともあり、最盛期には年間四〇〇万人もの来場者があったというから、当時としては現在の東京ディズニーリゾートのような日本一のレジャー施設だったといってもいい。子供の頃、遊びに行ったことを覚えている読者もいるだろう。

現在、この船橋ヘルスセンターを中村が訪ねたという記録はどこにも残っていない。また、中村が船橋ヘルスセンターに行ったという話を、当時、中村の周りにいた人間も誰一人として聞いてはいない。

しかし、その評判は、間違いなく中村の耳にも届いていたと筆者は考える。それでなくとも、中村は時間があると全国の有名な温泉地の旅館やホテルを回り、押し入れの寸法などを測って、そのすべてを「中村ノート」にメモしていたほど、誰よりも意欲的で何事にも研究熱心だった人だ。

だとすれば、そんな中村が行かなかったわけがない。おそらく一度や二度はヘルスセンターに足を運び、そこで気がついたこと、参考になることを一つ残らずメモしていたに違いない。

そして、その時、中村が注目したのがプールだった。

というのも、昭和三〇年代後半、いわき市内にはきちんとした公営のプールが一つもなかったからである。海が近かったとはいえ、プールに憧れた子供たちは少なくなかった。（坑内から湧き出る温泉の地熱と豊富な湯量を利用して、冬でも泳げる年中無休の温水プールをつくれば、子供たちが喜んでたくさんやって来るだろう。子供が来れば当然、親もやって来る）

中村は、そんなふうに考えたのではないだろうか？

現在に至るハワイアンセンターの構想の原点は、そこにあった。

幸いなことに（？）、常磐炭礦にはわざわざ年間二億円もの大金を使って、毎日川に捨てなくてはならないほどの湯量豊富な温泉がある。これを利用しない手はない。温水プールの発想は、理にかなったものだった。

しかし、それだけで終わらなかったところが、中村豊という人間の先見の明である。おそらく、温水プールだけだったら一時は賑わったとしても、その後五〇年も続くようなレジャー施設にはなり得なかったからである。

よし、これで決まり

昭和三七年一二月、常磐炭礦は二〇〇〇人に及ぶ人員整理案を組合に提示、その同意を得て翌三八年二月から希望退職者の募集と高齢者の勇退を実施した。

そして、そのすべての処理が終わった同年秋、中村は役員会を開き、温泉を利用した、室内温水プールを中心とした娯楽施設を立ち上げるという新規事業の計画案を発表した。説明を終え、「勤労青少年に健全な娯楽を提供するのだ。新規事業に関して何か質問はないか？　反対の者はいないか？」と尋ねる中村に対して、その場にいた役員は誰一人として声を発する者がいなかったという。

というのも、その場にいた役員たちの中に、中村の説明を理解できた人間は皆無だったからである。おそらく、中村に質問しようにも何をどう聞いていいのかも分からなかったのだろう。だから、賛成か反対かといわれても、判断がつかなかったのだ。

押し黙ったままの役員たちの顔を見回しながら、中村が、いった。

「誰も意見がないということは、全員賛成ということだな。よし、これで決まり。この案を進めることにする」

それには及ばん。あとはワシがやる

もちろん、この時点ではハワイをコンセプトにすることも、常磐ハワイアンセンターという名称もまだ存在しておらず、フラ&ポリネシアンダンスのショーを見せようという構想も生まれていなかった。発案者である中村の頭の中には、大きなドームを造り、そこに温泉プール、温泉の熱を利用した熱帯植物園、東京などから著名な芸能人を招いて歌謡ショーを見せるステージを備えた施設を設け、さらにドームの横には来場者のための観光ホテルを造る計画があったのみである。

この時、中村が考えていたのは、先に常磐共同火力発電所を設立した際、三万トンの石炭を格納する貯炭場の建設に使用した「ダイヤモンド・トラスト工法」を採用することだった。

これは現在のドーム球場と同じように中間に柱を一本も使用しない工法で、実際、後に

建設中のドーム

ハワイアンセンターの大ドームを建設する際、この工法を採用した。この際、驚くべきことは、経済学部出身で建築は門外漢だったはずの中村が、自らの手で基本となる設計図面を描いたということである。

そして、パソコンもない時代に、ソロバン一つで使用する鉄骨やコンクリートの量を算出し、二〇億円という建設費を弾き出したのも中村だった。

専門家の建設担当者が、その完璧といってもいい設計図面の出来映えと、自分が出した金額とほとんど誤差のなかった建設費の見積り数字に、

「建築については素人のはずの中村さんが、

どうして、これだけの専門的な建設技術の知識を身につけることができたのか。いったい、いつどこで、どうやって勉強したのか」

といって驚いたという逸話が今も残っているが、当時、東京にあった常磐炭礦本社の中村の部屋には、建築に関するありとあらゆる本が積まれ、忙しい仕事の合間を縫って真剣に読みふけっていたという。

「それには及ばん。あとはワシがやる」

というのが口グセで、やるとなったら何事も人任せにできない中村の姿が、ここにも見られる。

不発に終わったアメリカ視察旅行

基本となる大ドーム設計のかたわら、中村は昭和三九年四月、レジャー産業の先進国アメリカへと旅立った。各地でさまざまなレジャー施設を視察するためである。

しかし、どこを回っても、アメリカには中村の琴線に触れるような施設は一つもなかった。というのも、アメリカには日本のように温泉を前面に打ち出した施設はなかったし、現地でやっているショーはウェスタン、いわゆる西部劇のようなものばかりで、日本人が共感を覚えるとは、中村には到底思えなかったからである。

異国の地をあちこち駆け回っているうちに、さすがに疲れを覚えた中村は急遽《きゅうきょ》スケジュールを変更して、当初の予定には入っていなかったハワイに寄って数日間の休暇を取ることにした。

(頭と体を少し休めて、日本に帰ってからもう一度頑張ろう)

そう思ったのだ。

そんなハワイ滞在中、中村はここでもさまざまなショーを視察した。

トエレとの出会い

ハワイで見た踊りの中で、中村は、フラの洗練された優雅な踊りに加えて、木をくり抜いて作ったトエレという打楽器のリズムに合わせて踊るタヒチアンダンスに強く心を惹かれた。

のちに中村は、タヒチの踊りを採用した理由を聞かれて、

「打楽器は人間にとって最初の楽器であり、おそらくは最後の楽器となるだろう。打楽器の素朴なリズムは、すべての人間に故郷への追慕を感じさせる。（中略）これならば日本の人たちの共感を得られるだろうと私は考えた」（『ハワイアンセンター物語』）

と答えているが、中村がタヒチアンダンスに惹かれた秘密を、実は意外なところに見ることができる。それは、中村が大の盆踊り好きということだ。

前出の坂本によると、中村は夏ともなるとあちこちの盆踊りに顔を出し、ハワイアンセンターでも、毎年、いわき市内でもっとも盛大な盆踊り大会を主催して楽しんでいたという。

タヒチアンダンスと盆踊りはまったく異質の踊りのように思えるが、盆踊りの太鼓とタヒチアンダンスのトエレには、たしかにどこか相通じるものがある。だからこそ、異国の地で初めて出会ったトエレという未知の楽器を、中村は、すんなりと受け入れることができたのだろう。

こうして、中村は、新しいレジャー施設で披露するショーのメインをフラとタヒチアンダンスに決め、日本に帰ってきた。

それにしても、もし、中村が予定を変更せずニューヨークから直接日本に帰国していたら、フラにもタヒチアンダンスにも出会うことはなく、ショーの構成も現在とは大きく変わったものになっていたかもしれない。当初の予定には入っていなかったハワイに寄ったことが、大きなターニングポイントになったのだ。

成功の陰には、偶然や運、ツキも必要なのである。

一〇〇〇円持ってハワイに行こう

日本に帰国後、中村はすぐさま役員会を開き、その席で初めて、新たに立ち上げるレジャー施設はハワイをイメージしたものとし、フラとタヒチアンダンスを取り入れたショーを施設の目玉にする構想を発表した。あわせて、施設名を「常磐ハワイアンセンター」にする考えであることも明らかにした。中村の構想が、いよいよ実現に向けて大きな一歩を踏み出したのだ。

さらにいえば、入場料を四〇〇円としたことから「一〇〇〇円持ってハワイに行こう」というキャッチフレーズを考えたのも中村である。ちょうど同じ頃、寿屋（現・サントリー）の「トリスを飲んでハワイへ行こう」というコピーが注目を浴びたように、この「一〇〇〇円持ってハワイに行こう」も大きな話題になった。

そして、次に中村が取りかかったのは、湯本町の温泉旅館組合との交渉だった。

中村の構想の中には、温泉を利用した温水プールと熱帯植物園を中心としたドーム型のレジャー施設、さらに高価格帯の観光ホテルと、低価格帯のレストハウスという二つの宿泊施設を造る計画が盛り込まれていたが、この宿泊施設の計画に旅館組合が異議を唱えたからである。

昭和三九年当時、湯本温泉の宿泊料金は一泊二食付きで二〇〇〇円が相場だったのに対して、ハワイアンセンターの観光ホテルは一泊二食付きで三五〇〇円を予定していたのでまだいいとしても、もう一つのレストハウスのほうは、一泊朝食付きで一〇〇〇円という低料金が設定されていた。しかも、湯本温泉全体の宿泊定員が二五〇人にすぎないのに対して、レストハウスの定員は、その約二・四倍の六〇〇人となっている。

「もし、レストハウスが開業したら、このままでは湯本温泉に泊まろうというお客さんは一人もいなくなってしまう恐れがある。したがって、レストハウスの料金も、少なくともわれわれと同じ二〇〇〇円か、それ以上にしてもらいたい」

これが旅館組合のいい分だった。

常磐炭礦は地元とともに生きていく

それに対して、中村はどういって説得したのか？

「たしかにハワイアンセンターには二つの宿泊施設を造ろうと思っていますが、私どもは皆さんと競争しようとはまったく考えておりません。むしろ逆に、皆さんと一緒に、ともに大きくなっていきたいと思っています。

ハワイアンセンターは日本で初めての魅力ある施設ですから、新しい観光客をここ湯本にたくさん招き寄せるはずです。そうなれば皆さんが心配されていることとは反対に、皆さん方の施設を拡大しなければならなくなるはずだと私は確信しています。

常磐炭礦は地元の皆さんとともに生きていく考えです。ですから、私たちだけが繁栄して皆さんを窮地に陥れるようなことは絶対にいたしません。地元の繁栄こそ私たちが期待していることなのです」

もともと中村は旅館組合の人たちにも人望があったのだろう。当初、反対の声をあげていたメンバーも、「中村さんがやろうとしていることだ。間違いはないだろう」といって、次第に中村支持に回っていったのだった。

さて、その結果はどうだったか?

ハワイアンセンター開業直後から団体の宿泊客が毎日のように殺到し、湯本温泉街の旅館のキャパシティでは収容しきれなくなった。そのため、旅館の増改築はもちろん、新規に開業する旅館も後を絶たず、その収容人数はそれまでの二五〇人から一気に三〇〇〇人へと拡大した。中村の予想は、見事に現実のものとなったのである。

一方、ハワイアンセンターも開業以来大人気となり、観光ホテル、レストハウスとともに連日満室の状態が続いていた。そのため、役員の誰もが、中村に客室の増設を進言したが、中村は一切、耳を貸さなかった。

「常磐炭礦は地元の皆さんとともに生きていく。地元の繁栄に期待する」

中村はその言葉を守った。自らの施設の増築に踏み切ったのは、旅館街の増改築が一段落した後のことだった。

ちなみに、ハワイアンセンター開設の話を聞きつけ、館内のレストランや売店などで自社の製品を扱ってもらおうと、さまざまな取引を申し入れてきた首都圏の大企業を一切排除し、地元の小さな業者しか入れなかったのも中村の考えだった。その視線はつねに地元に向けられ、どこまでも地元を大切にした。

常磐炭礦ならではの「一山一家」の考え方

常磐炭礦に限らず、全国どこの炭鉱もつねに危険と隣り合わせの職場である。落盤やガス爆発、さらには出水など不測の事態が起こり、最悪、死に至ることも珍しくない現実がある。そのことを炭鉱に働いている人間はもちろん、家族の誰もが知っている。

そんな中、常磐炭礦には精神的な支柱ともいえる独自の考え方が、いつとはなく自然に芽生えていた。

それが「一山一家」という、ヤマで働くすべての人間が家族であり、つねに助け合って生きていこうという考え方だ。かつて夕張や筑豊など日本中に数多くの炭鉱があったが、他の炭鉱には、この「一山一家」という言葉はない。まさに常磐炭礦ならではのユニーク

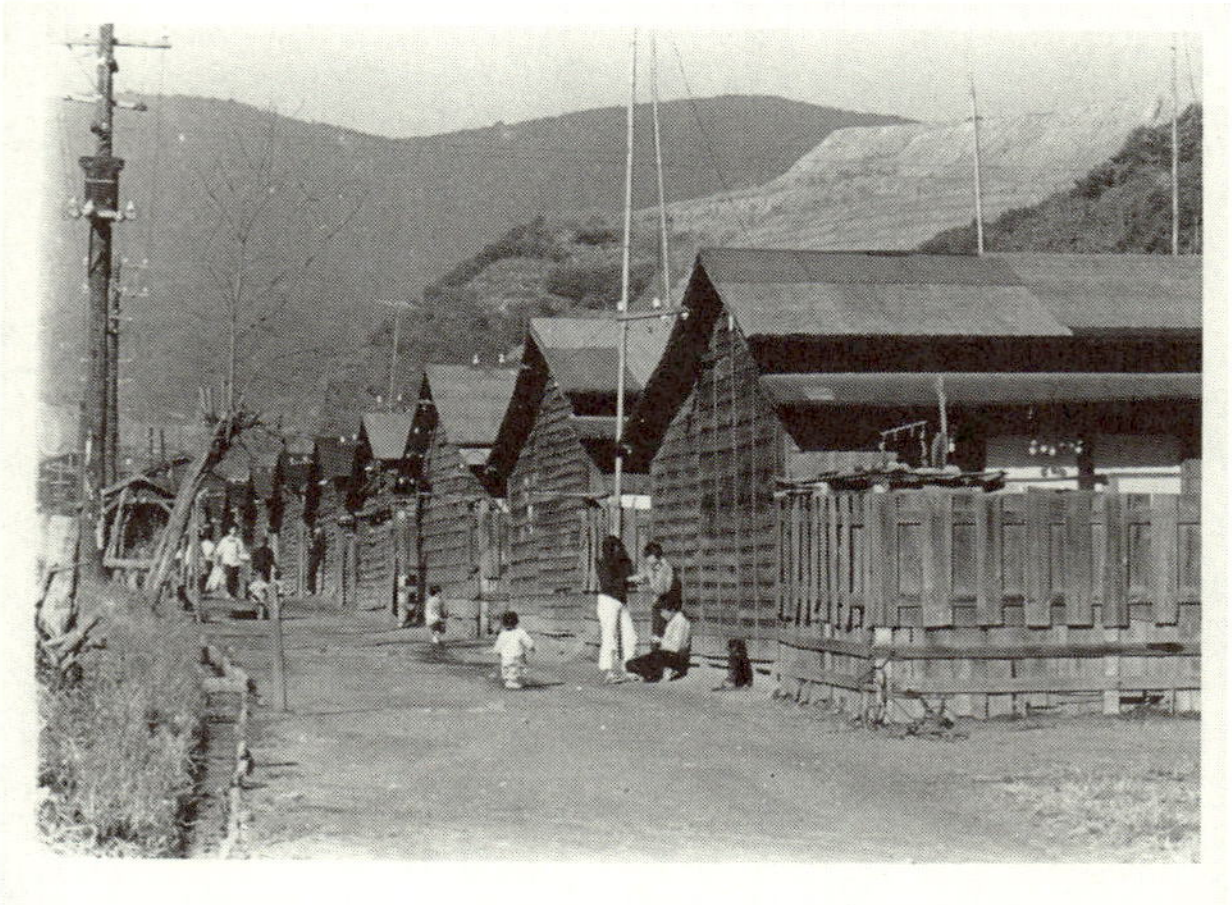

炭鉱住宅

な考え方である。

大正から昭和にかけて石炭業が隆盛を極めた頃、常磐炭礦は全国各地から炭鉱労働者を集めた。採炭にもっとも必要なのは人の力だったからだ。そのため、会社は炭鉱の周辺に従業員たちの住宅、いわゆる炭住（炭鉱住宅）を造り、二〇〇戸ごとに日常生活の面倒を見る「世話所」を設けた。

世話所は結婚式や葬式などの冠婚葬祭はもちろん、子供の誕生や就職などすべての面倒を見た。しかも、炭住に住んでいる家庭のことなら、全員の誕生日からそれぞれの趣味や食べ物の好き嫌い、はては奥さんの生理日まで何でも把握していたという。

それは、炭鉱に働く人間も家族もすべてが文字どおりの運命共同体だったからである。その中で何かに困っている人、悩んでいる人がいれば放っておかない。いや、そういう人がいれば、むしろ積極的にみんなで助け合って生きていこうという風土が、ごく自然にできあがっていったのだ。

そして、そうした風潮がハワイアンセンターの設立と、その後の運営にも大きく影響していることはいうまでもない。

助け合うという肯定的な価値観

九州・佐世保で生まれ育った作家・村上龍は、かつて自らが司会を務めるテレビ東京の番組「カンブリア宮殿」のゲストに斎藤一彦を招き、インタビューを行っている。そして、村上はその最後を、こんな言葉で締めくくっている。

「炭鉱の衰退と閉山、そして、凄惨な労働争議を目撃してきた九州出身者の僕にとって、映画『フラガール』は奇跡の物語としか思えないし、謎でもあった。

常磐炭礦は日本で唯一、労使協調のもとで再生を実現させた。すなわち常磐ハワイアンセンターの成功を導き出したのだが、どうしてそんなことが可能だったのだろうか？　それがずっと不思議だったのだが、今回、斎藤氏の話をうかがってやっと謎が解けた。

多量の温泉が噴き出すために常磐炭礦の採炭にはつねに危険が伴い、労働者同士はもちろんのこと、経営者側も危機感を持ち、助け合ってきたんだ。サバイバルにとってもっとも必要なものは助け合うこと、協力し合うことだと、常磐炭礦の人たちは歴史に学んできたのだ。

今、ハワイアンズに訪れる客は温泉に癒され、リラックスすると同時に、助け合うという肯定的な価値観に包まれるのだろうと思う」

苦しくてもすべて自前でやる

そもそも中村には一つの信念があった。それは、「常磐炭礦の一山一家の団結を強めて、他人の手は借りない。苦しくてもすべて自前でやる」ということだ。

だから、建物の設計についても外部の設計者やコンサルタントなどは誰一人として入れず、構想や企画はすべて中村自身が立て、実際の設計や施工は子会社である常磐開発（J

ASDAQ上場。現在はグループ会社）が行った。

そして、従業員は常磐炭礦の元従業員とその家族でまかなった。開業当初のハワイアンセンターでは、父親がホテルのフロントマンで母親が客室係、息子が調理師で娘がフラダンサーという、そんな構図が当たり前のようにあった。

開業当時六二〇人を数えた従業員のうち、どうしても外部の力を借りなくてはならなかったのは、レストランの総料理長、フラやフラメンコの先生たちなど専門職のほんの二、三人だけ。それまで劣悪な坑内環境の中、ふんどし一つでツルハシを持って黙々と石炭を掘っていたヤマの男がウクレレを持ったり、スーツを着てフロントに立ったり、あるいは中学を出たばかりのヤマの娘がフラダンサーになったり、レストランのウェイトレスになったりした。

そんな中で、会社が人探しに意外と苦労したのが営業マンだった。炭鉱の男たちというのはもともと口数が少なく、過酷な環境のもとで、ただひたすら石炭を掘る寡黙な者が多かったからだ。

しかし、視点を変えて探してみれば、身近にまさに適任の男たちがいるではないか。それは、会社側と日々、丁々発止の労務交渉をしていた労働組合の面々だった。しばらくして組合の委員長が営業部長になったという。冗談のようだが、本当の話である。

ハワイアンセンターは、中村が目指したような、まさに誰の力も借りない「自前」の施設だったのだ。

いわき市民の応援

自前の施設にお客を集めるために必要な営業、それもまた自前だった。旅行会社やエージェントには頼らず、自分たちの力で売るんだと、東北六県（福島、青森、秋田、岩手、山形、宮城）、そして栃木県宇都宮市や茨城県水戸市などにも営業所を置き、約八〇人の営業部隊が、開業前から各地を飛び回った。

しかし、それだけではどうしても足りない。そこで、営業マンが助けを求めたのが、かつて常磐炭礦の石炭を扱ってもらっていた全国の特約店だ。そこから情報を発信して、ハワイアンセンターの集客につなげようとしたのである。

さらに、いわき市約三三万人の市民に、今でいうダイレクトメールを送り、親戚や知人を勧誘してもらった。もし、常磐炭礦が潰れ、ハワイアンセンターも立ちゆかなくなったら、それこそ、いわきという地域は大変なことになってしまう。危機感を覚えた市民たちがこぞってハワイアンセンターを応援し、パンフレットを入れた一〇〇万通以上の手紙を送ってくれたという。

中村が地域を大切にしたように、地元いわきの人たちもハワイアンセンターを温かく見守ってくれたのだ。

炭鉱の空気の中で育った人間が踊ることで常磐炭礦の精神が生きる

「人真似をするな。すべて自前でやれ」

そうした中村の信念は、フラガールの育成にも生かされている。

ハワイアンセンター開業の前年、昭和四〇年四月に設立されて以来、半世紀を超えた現在も続く「常磐音楽舞踊学院」の存在がそれである。

当初、フラとタヒチアンダンスを中心としたショーを連日お客に見せるという中村の構想を聞いた時、社内のすべての人間は、東京からプロのダンサーを呼んでくるのだろうと思っていた。

しかし、ただ一人、中村の考えだけは違っていた。炭鉱の娘を集め、彼女たちを一から指導してダンスをマスターさせ、ステージで踊らせるというのである。

とはいえ、当時はまだダンサーという職業に対して偏見があった時代だ。しかも、ここは東北の炭鉱町いわきである。「腰振り踊り」、「ヘソ出し踊り」などとからかわれ、炭住の世話所を通じてダンサーにならないかと炭鉱の子女に声をかけても、

「人前で裸になって踊るなんて恥ずかしくてできない」

といわれ、両親からも、

「そんなことをさせるために、娘を苦労してここまで育てたのではない」

といわれて、けんもほろろに断られてしまい、学院の開校が迫ってきたというのに思うように人が集まらなかった。

そんな状況を見かねて、ある人が中村にいった。

「いわきだけから女性を採用しようとするのは、どうしても無理がありますよ。それなら東京から連れてくればいいのではないですか？　東京の女性なら芸能事に関して理解があ

るでしょうし、抵抗も少ないのではないかと思いますが」

すると、中村は即座に、

「いや、それはいかん。炭鉱人の血を受け継ぎ、炭鉱の空気の中で育ってきた人間が踊ることによって常磐炭礦の精神が生きることになるんだ。よそからダンサーを連れてきて踊らせることなど絶対にあり得ない。そんなことをするくらいなら、最初からやらんほうがいい」

といって否定した。

フラガール一期生

結果的に、常磐音楽舞踊学院の一期生として入学し、昭和四一年一月のセンター開業時にステージに立ったのは一八人。自ら志願してきた二人を除く一六人が中学校を卒業したばかりの炭鉱の子女であり、中村の思惑どおり、客席まで汗が飛んでくるような彼女たちの熱演は観客たちに感動を与え、大いに受けたという。

ダンスだけではない一般教養も学ぶ

常磐音楽舞踊学院は、ハワイアンズのステージで踊るダンサーを養成する、福島県から認可を受けた各種学校だ。

書類審査、面接、実技の厳しい選考を経て晴れて入学を許された者は、同時に常磐興産の社員として入社する。在学中の二年間は給料をもらいながら学び、ステージにも立つ。そして、卒業後は晴れてプロのダンサーとして認められるというシステムだ。

同学院の大きな特徴は、ダンサーとして必要不可欠な踊りのカリキュラムはもちろんだが、それに加えて一般教養の授業もあるということだ。これは昭和四〇年の開校以来変わらない同校ならではのものであり、こうしたスタイルを採り入れたのも中村の考えによる。

学院開設当時、ダンサーになるのは中卒の子がほとんどだった。将来、彼女たちが結婚をして家庭に入った時、恥ずかしくないように、女性としての必要最小限の教養だけは身につけさせようという、中村の親心から生まれたのだ。

そもそも学院の、このユニークなシステムにはモデルとなったものがあった。それは、昭和三一年、中村の発案で常磐炭礦の東京本社に誕生した女子野球チーム「コールスターズ」である。コールとは石炭のことだ。

女子野球チーム「コールシスターズ」

その頃、常磐炭礦では野球が盛んであり、都市対抗野球大会にもたびたび出場するなど、社会人野球の強豪チームとしても知られていた。中村は会社のイメージアップや、応援を通じて社員の士気を高めるためには野球が大いに役立つといって、野球部の強化に力を入れていた。

ちなみに都市対抗野球大会には七回出場したが、そのうち五回、横浜市代表の日本石油と対戦。初顔合わせとなった昭和二七年こそ勝利したものの、以降は四戦四敗、一勝もできなかったというのは、石炭が石油に取って代わられていくという時代を象徴するような事実である。

さて、コールシスターズが結成された頃、日本では女子野球がブームになっていた。わかもと製薬、エーワンポマード、京浜急行などの企業がスポンサーになってチームを作り、リーグ戦を行っていた。

しかし、コールシスターズはそれには参加せず、日頃から常磐炭礦の石炭を買ってくれていた得意先、例えば国鉄、東芝、日立などの企業や、これから得意先になるであろう企業との親睦を深めるため、部課長との接待野球をするチームとして機能していた。

チームのキャプテンを務めていた山野辺京子が証言する。

「小金井にあった会社の寮に全員入って、午前中はお茶や裁縫などの花嫁修業、午後からは練習や試合をやっていました。メンバーは約二〇人。高校でソフトボールをやっていた私以外は全員中卒で、野球もソフトボールもやったことがないという子ばかりでした。

ハワイアンセンターができることになり、昭和四〇年に常磐音楽舞踊学院が設立された時、中村さんは、コールシスターズでの経験をあそこに生かしたんだとすぐに思いましたね。女子野球がうまくいったんだから、学院も大丈夫だろう。中村さんがそう考えていたのは間違いないでしょうね」

ところで、コールシスターズ解散後、山野辺はハワイアンセンター設立準備室に勤務し、その後、唯一の女性管理職として定年まで勤め上げた。斎藤をして「男だったら間違いなく社長になっていた」といわせたほどの存在だった。

父ちゃんは元気にしているか?

前出の坂本の証言にもあったとおり、中村は幹部社員には厳しく接したが、現場で働く元炭鉱従事者やその家族の従業員をことのほか大切にし、彼らへのいたわりや配慮を常々心がけていたという。さらに続けて坂本がいう。

「中村さんは、日頃は東京の本社で仕事をしていましたが、毎週金曜日の午後から月曜日までは必ずいわきにやって来て、トレードマークの赤シャツに白のパンツ姿で館内を巡回していました。そして、必ず社員食堂で食事をして、そこで会う従業員一人一人に、『父ちゃんは元気にしているのか?』とか『婆ちゃんの病気の具合はどうだ? 何か困ったことはないか?』と気さくに声をかけていましたね。最後まで現場の最前線に立って、みんなを引っ張っていましたよ。

ハワイアンセンターは当初、年間八〇万人の来場者を予定していましたが、実際には一二四万人もの人がやって来て初年度から黒字の大成功でした。後になって中村さんは『常磐線をはさんで、自分は地獄（炭鉱）と天国（ハワイアンセンター）を同時に味わった』といっていました。炭鉱閉山に伴う会社の後始末は、本当に大変だったと思います。社長として中村さんは、社員の再就職の面倒を一人残らずみました。なかなかできることではないですよ。

とにかく中村さんの頭の中は常磐炭礦に関わった従業員、家族、そして、周辺地域の人たちが安心して幸せに暮らせるように道筋をつけること。そのことでいっぱいだったように思いますね」

常磐炭礦が閉山後しばらくして、日本の炭鉱業に多大な貢献があったということで、中村に勲二等叙勲の話が届いた。中村個人にとっても業界にとっても、そしてもちろん、ハワイアンセンターにとってもひじょうに名誉なことである。

しかし、中村は、

「自分は常磐炭礦の閉山を決めた人間だ。多くの炭鉱マンに迷惑をかけ、悲しい思いをさ

中村豊と従業員たち

せた人間でもある。そんな人間に勲章をもらう資格はない」

といって固辞した。中村豊とはそういう人間だった。

銀座、赤坂、六本木ではなく浅草、上野、御徒町《おかちまち》を目指す

「人真似をするな。すべて自前でやれ」

それを信条としていた中村だけに、開業後の施設全体のコンセプトづくりや新たな企画もすべて自分たちで考えた。プロのコンサルタントに頼ることはなく、仮にコンサルタントの提案を受けることはあっても、それをそっくりそのまま採用することはな

かった。すべてが手づくりの施設であり、サービスだったのだ。

そもそも従業員にしても、サービス業とはまったく無縁の、かつては炭鉱で石炭を黙々と掘っていた寡黙な炭鉱労働者がほとんどだった。いわば素人集団が、彼らなりに一生懸命やっている、人の血が通った温かさがハワイアンセンターの最大の売り物だった。洗練こそされてはいないが、田舎くささや純朴さ、純粋さが、逆にハワイアンセンターならではの、他のレジャー施設にはない大きな魅力になっていたのだ。

もちろん、その点は中村もよく分かっていたはずだ。開業してすぐ、周りの人たちに対して、

「申し訳ないが、銀座や赤坂、六本木のような雰囲気を求めるお客さんはハワイアンセンターには似合わないし、ここに来ても満足できないだろう。よそに行ってもらって結構だ。オシャレで都会的なショーが見たいのであれば宝塚に行けばいい。うちは東京でいえば、上野や浅草、御徒町あたりの庶民的な雰囲気を目指しているんだ。

一般大衆が気取らずに普段着のままで楽しめる施設、青少年が健全に遊べる施設を提供すること、それが、われわれの使命だと考えている。たとえお金をかけなくたって、お父

さんが『どうだい、ここは楽しいだろう？』と胸を張って家族を連れてこられるような、ハワイアンセンターはそんな場所にしたいと思っているんだ」

と話しているのもその表れだ。

予想をはるかに上回る開業後の盛況ぶりを見る限り、中村の思いは、お客にも十分に伝わっていたようだ。

第三章　追い風と逆風

月二回の休みに「お前は休んでばかりだな」

開業早々、ハワイアンセンターは評判を呼び、連日多くのお客さんがやって来た。
とはいえ、ホテルの部屋数や宿泊定員数には限度があり、「これ以上は泊まれません」と断っても、お客から「横になれれば狭くても構わない。とにかく泊めてくれ」といわれれば、六人部屋に八人でも一〇人でも泊めてしまう。消防法などが今よりもぐっと緩やかだった時代のことだ。客室の稼働率が一二〇パーセントという、今ではあり得ない数字を記録していたというから、いかに賑わっていたかが分かるだろう。

そうしたお客のために、社員たちもよく働いた。朝八時に出社して、帰るのは明け方三

時か四時、それが連日続いたという。当時を知る斎藤は、

「今の時代では許されることではないが、上司が『休日は月二回までだ』というから、その言葉どおり二回休んだら、先輩に『お前は休んでばかりいるな』といわれた。先輩は一年三六五日ほとんど休まないで朝から夜中までずっと働いていたね。それが決していいことだとは思わない。しかし、誰もが経験したことのない新規事業を立ち上げて、とにかくここで頑張らなくちゃ自分自身も家族も生きていけない。そうした思いが仕事に向かわせたんだろう。自分たちがやるしかない。誰もが必死だったんだよ」

と振り返る。

予想外の事態

ハワイアンセンターが常磐炭礦の新規事業としてスタートしたことはすでに書いたが、その両者の関係について、多くの人が間違って理解していることがある。

それは、昭和四一年一月にハワイアンセンターがオープンすると同時に、常磐炭礦は閉山して採炭を終了したと思い込んでいるということだ。

なるほど、ハワイアンセンターは開業初年度から予想を大きく上回る集客に成功し、大幅な利益を出した。それだけに、そう思っている人もいるのだろう。

しかし、実際は違う。少しずつ規模を縮小していった常磐炭礦が最後の坑道を閉め、すべての採炭事業から完全に撤退したのは昭和五一年のこと。つまり、ハワイアンセンターが開業した後も約一〇年にわたって石炭を掘り続けていたのである。

そもそもハワイアンセンターを構想し実現させた中村豊にしても、その第一の目的は、前述したように雇用の創出であり、ハワイアンセンターが事業としていかに成功しようとも、炭鉱を閉めるつもりはまったくなかったのである。

その点に関しては、斎藤一彦も、こう推察する。

「中村さんにしてみれば、ハワイアンセンターは新規事業ではあるけど、本心は、あくまでも炭鉱を長持ちさせる延命のための施設でしかなかったと思う。

だから、炭鉱を完全にやめてまで観光事業に乗り出そうという意識はなかったんじゃないかな。事実、ハワイアンセンターは開業以来、常磐炭礦に毎年二億円の温泉代を支払っていたからね。中村さんは炭鉱にお金が落ちるような、そういうシステムを作りたかったんだ。

もし、中村さんが本気で観光事業をやろうと考えていたのなら、ハワイアンセンターが初年度からあれほどの成功を収めたんだから、当然、観光業の次の展開があったはずだ。それがなかったのは炭鉱に愛情があったからだし、あくまでも本業は炭鉱業だと考えていたからだと思うね」

たしかに当時の社会情勢は、政府のエネルギー政策の転換によって石炭から石油へと移ってきており、石炭の需要は年々減ってはきていた。それでも、石炭にも石油にはないメリットがあり、従業員の数を減らして売上に見合ったものにすれば、事業として十分採算が見込めると、中村は考えていたのである。それは、昭和四五年から何億円もの予算をかけて、北茨城地区で新たな坑道の試掘を行い、事業の継続を図ろうとしていたことからも分かるだろう。

ところが、昭和四六年八月一四日、常磐炭礦にとって、そして中村にとっても予想外の事態が起こる。

同年四月二八日に常磐炭礦の中でもっとも大きな坑道であった磐城《いわき》礦業所《こうぎょうしょ》を閉山した

後、新たな採炭の柱にしたいと考えていた北茨城の新坑が水没事故に見舞われ、その後の採炭事業の見通しがまったく立たなくなってしまったのである。

二〇〇億円の借金

事故前年の昭和四五年、中村はすでに将来を見据え、常磐炭礦の商号を常磐興産に変更し、ハワイアンセンターを運営していた常磐湯本温泉観光を吸収・合併してハワイアンセンターの営業を継承。さらにその一方で、石炭生産部門は常磐炭礦の名称で新会社を設立し、それに分離するという組織改革を行った。

こう書くと話は複雑に思えるが、要は親（常磐炭礦）と子（常磐興産）が入れ替わったものの、石炭事業は規模を縮小して引き続きやっていくということだ。

ところが、思いも寄らぬ水没事故は、中村の計画を文字どおり水の泡にし、常磐炭礦の息の根を止めることになってしまった。三井や三菱などの大手とは違い、いわきと北茨城にしか事業基盤のない常磐炭礦にとって、その山がダメだから別のところに移って採掘するというわけにはいかなかったからだ。

そして、後に残ったのは、従業員の退職金や地域の公害補償、塵肺《じんぱい》訴訟の費用などで二〇〇億円にも達しようかという借金だった。その莫大《ばくだい》な負債が、誕生したばかりの常磐興産にのしかかってきたのである。

昭和四六年といえば、ハワイアンセンターのまさに絶頂期であり、毎日のように客が押し寄せ、連日押すな押すなの大盛況だった頃。年間入場者が開業以来初めて一五〇万人を超える一五五万二七六六人を記録したのも、昭和四五年度（昭和四五年四月一日〜四六年三月三一日）だった。

昭和四三年、常磐湯本温泉観光に入社し、経理部に籍を置いていた斎藤は当時をこう振り返る。

「あの頃、世の中にはすでにクレジットカードはあったけれども、まだまだ一般的にはなっていなかったから、毎日、売上が現金で面白いように入ってきたんだ。

経理部の部屋に大きな段ボールの箱を置いておいて、その中にお札を輪ゴムで留めてどんどん放り込んでいくんだけど、夕方になると入り切らなくて、足で踏んづけて押し込んでいたね。毎日それぐらいお客さんが入ったし、本当に儲《もう》かった」

それが、いきなり二〇〇億円もの借金である。さらに長年、炭鉱業を生業《なりわい》にし大きな利益を上げていただけに、常磐炭礦は広大な土地をいわき市内や東京など各地に所有していたのだが、通産省と大蔵省（現・財務省）によって資産凍結されてしまった。そのため、勝手に処分することが許されず、資金調達もままならなかった。

こうして、ここからしばらくの間、ハワイアンセンターは厳しい苦難の道を歩むことになる。

これじゃあアラスカンセンターだ

突然、まさに降って湧いたような大きな負債を抱えることになった。こうなると新たな設備投資を行うどころではなく、生き延びるために徹底したコスト削減をせざるを得なくなった。

例えば、常夏の島ハワイをイメージしたハワイアンセンターでは、年間を通じて二八度の館内温度を保っていた。館内にたわわに実るバナナがその頃のハワイアンセンターの名物でもあった。

しかし、経費の中でも大きなウエイトを占めていた暖房費を節約するために、温度を一気に一〇度近くも下げる始末。これではバナナも実らない。

従業員が厚手のジャンパーを着て接客しなければならないほど、館内は寒々としていた。その中でアロハシャツやムームー姿の来場者から、

「ここはハワイアンセンターだろう？　それなのに、何だい、この寒さは。これじゃあアラスカンセンターだよ」

と陰口を叩《たた》かれたのもこの頃だった。

また、ホテルの和室の畳替えも、通常のメンテナンスであれば、その部屋の畳を全部一緒に替えるものだが、予算がなく、それすらもできなかった。そこで一枚一枚点検し、まだ使える畳はそのままにして、どうしても替えなくてはならない畳だけを取り替えたので、青畳と古畳で市松模様のようになっていたというし、洋室のタイルの壁の補修もベニヤ板で済ませていたという。

加えて、トイレットペーパーの一人当たりの一回の使用量を計算し、必要最小限の量しか置かないようにもした。

今振り返ってみれば、笑い話のようなことに必死で取り組んでいた。どれもこれも、まさに苦肉の策だったのだ。

組織動員型イベントに活路を見出《みいだ》す

「冬の時代」を迎えることになったハワイアンセンターが、この時期、活路を求めたのが、組織動員型のイベントだ。何か話題になるようなイベントを仕掛けて、一人でも多くのお客を呼ぼうとしたのだ。もちろん大きな予算をかけられなかったためにプロには頼まず、すべて自分たちの手で企画、運営した。

その手始めとして、昭和四九年には「全国ゲートボール大会」を誘致。比較的客足が少ない平日を中心に開催することで年間五〇〇〇人を集客した。

さらに、昭和五二年には農林省（現・農林水産省）、宮内庁、朝日新聞社などの協賛を得て「蚕と絹の大祭典」を開催。オープニングセレモニーには高松宮殿下のご臨席を仰ぐなどの話題づくりに努め、会期中、三万人の集客を実現している。

このほか「全国民謡民舞大交歓会」（昭和五三〜五六年）、「全国農業グランドフェア」

（昭和四九年）などのイベントを次々に企画し、どれも大盛況のうちに終了。集客を図るべく駆け回った営業部員たちは、当時、ある週刊誌に「日本最強の営業軍団」と紹介されたほどだった。

しかし、そうした努力にもかかわらず、昭和五四年度（昭和五四年四月一日〜五五年三月三一日）には九八万四三三三人と、開業以来初めてとなる一〇〇万人の大台割れを記録、翌年度も九九万二九二七人と苦しい経営が続いたのだった。

「海底大劇場」で素人ゆえの大失敗

限られた予算の中、企画部門のメンバーは何とか話題づくりをし、お客を集めようと必死になっていた。

多くの企画が当たり、集客アップを実現したものもあったが、時には、素人ゆえの大失敗も経験した。その最たるものが昭和四八年の「海底大劇場」だ。

これはハワイの海底を再現した、深さ六メートル、幅一五メートル、奥行き七メートルの大水槽を設置し、その中で水中アトラクションを見せようとしたものだ。五月一日からのオープンを全国の新聞に告知するとともに、当時、国鉄（現在のＪＲ）が展開していた人気キャンペーン「ディスカバージャパン」ともコラボし、一〇〇〇件以上の予約が入るなど前評判は上々だった。

そして、四月上旬には水槽が完成、いよいよ水を入れてのリハーサルを始めることとなり、プロジェクトチームのメンバーが見守る中、水槽への注水が開始された。

ところが、水深が二メートルにも達しようかという時、いきなり、すさまじい爆発音とともに水槽内の海底が粉々に壊れてしまったのである。

原因は、海底を模した岩を作る素材に発泡スチロールを使ったためだ。大きな水圧のかかる水中に普通なら発泡スチロールのような素材は使わないのが常識だが、予算節約のため専門の業者を使わず、素人考えでやった挙げ句の顛末《てんまつ》だった。

その結果、当初予定していた五月一日のオープニングには間に合わず、すでに予約していた一〇〇〇件以上の客すべてのもとに営業が走り、お詫《わ》びをして回ったという。

その間、改めて水槽内を作り直し、当初の予定から約三週間遅れて何とかスタートにこぎつけたものの、前評判ほどの人気にはならず、わずか数カ月で終了することになってしまった。

ハワイアンズ五〇年の歴史の中でも、この海底大劇場の失敗は表にはほとんど出てこない「暗い過去」といえるだろう。

帰りのガソリンはハワイアンセンターが用意します

ハワイアンセンターが財政難にあえいでいた最中の昭和四八年、追い打ちをかける事態が日本を、そして、ハワイアンセンターを襲った。

第四次中東戦争に端を発する「オイルショック」である。これにより、石油輸入の多くを中東に依存していた日本の社会は大混乱に陥り、ガソリンスタンドの休日営業の中止や深夜テレビの放送自粛、ネオンサインの午前零時消灯など、さまざまな省エネルギー政策が実行された。トイレットペーパーがなくなるという噂《うわさ》が広まり、朝早くから主婦がスーパーマーケットに大行列を作ったことを今でも覚えている人がいるだろう。

この時、ハワイアンセンターでは、集客の柱であった団体客が、ガソリン不足による観光バスの運行自粛で落ち込み、大きな問題となっていた。来場客の減少は収入減を招き、直接、常磐興産の経営を圧迫する。何とかしなくてはいけない。

そこで、常磐興産はどういう手を打ったか?

考えついたのが、行政、石油会社の協力を得て実現した一つのアイディアだった。ホテルの駐車場に自前のガソリンスタンドを設置し、全国のバス会社、旅行代理店に対して、「片道のガソリンだけご用意ください。帰りのガソリンはハワイアンセンターで満タンにします」とのメッセージを発信したのだ。

この時期、こんなことを実行したのは、おそらく全国でもハワイアンセンターだけだろう。そして、この「妙案」がまんまと功を奏し、お客を乗せた観光バスが次々にやって来て、ハワイアンセンターの業績は何とか持ちこたえた。

どんなことがあっても決して諦めない。創意と工夫で壁を必死に乗り越えていく。そこには企業としての強さ、したたかさが見られるようだ。

バブルといわき湯本ICが追い風に

水没事故に伴う莫大な負債を背負ってから一四、五年、昭和六〇年頃になると借金の返済もどうにか目途がつき、ハワイアンセンターにとって長く厳しかった冬の時代にもようやく出口が見えてきた。

と同時に、これまでの暗い歴史を一気に払拭するような強烈な追い風が、ハワイアンセンターに吹いてきた。いわゆるバブル景気である。

この時期、日本では不動産と株式が異常とも思える高値を記録。山手線内側の土地価格でアメリカ全土が買えるという笑い話のような話題が取り沙汰された。世の中はバブル景気に沸き立ち、都心の盛り場では連夜のようにお祭り騒ぎが繰り広げられたものだった。

当然のことながら、ハワイアンセンターもこのバブルの恩恵を被った。特に、この頃は社員旅行や町内会の旅行など団体客の利用が増え、何十台もの観光バスが連日ハワイアンセンターにやって来た。おかげでホテルは、全館満室の状態がしばらく続いた。

そして、ハワイアンセンターにはこれだけに留《とど》まらない、さらなるもう一つの追い風が吹いてくる。

昭和六三年三月二四日、常磐自動車道日立北IC〜いわき中央IC間の開通に伴い、ハワイアンセンターからわずか三キロメートルのところに、新たに、いわき湯本ICが設置されたのだ。

このことによって、特に首都圏からのアクセスが格段によくなったことから、ハワイアンセンターには連日さらに多くの客が殺到、昭和六三年度（昭和六三年四月一日～平成元年三月三一日）の年間来場者は前年度（一〇八万四三〇四人）を大きく上回る一四三万九二一三人を数え、ハワイアンセンターは、まさにこの世の春を謳歌《おうか》した。

こんなことがいつまでも続くはずはない

昭和三〇年代以降、常磐興産は東京・成城学園に約一〇〇〇坪の社員アパートを持っていた他、高輪、南青山、千葉県市川市などに社用地を所有していた。バブル期にこの所有地の再開発の指揮を命じられたのが誰あろう、斎藤だった。

「まず手始めに、こんな地価の高いところにわれわれがいてもしょうがないだろうと、銀座の本社ビルを賃貸ビルに建て替えることにした。すると、ハワイアンセンターで従業員とパート、アルバイトも含めれば一〇〇〇人以上が休む間もなく一年間額に汗して働いて利益が五億円しか出ないというのに、このビルの賃貸料が年間七億円で、地下に駐車場を造ったら駐車代が一台月七万円だというんだよ。信じられなかったね」

その後、別会社を興して、この賃貸ビルでレストランをスタートさせた他、中央区が日本橋に建てた再開発ビルでもフランス料理の店を始めた。

「日本橋の界隈は証券会社や不動産の会社が多くて、日本橋の店は連日超満員。一本二〇万円くらいのワインがバンバン売れた。これがバブルということなんだろうけど、何かがおかしい。こんなことがいつまでも続くはずはないと思っていたね」

この頃、多くの企業が銀行などからの融資を受け、さまざまな事業を展開した。しかし、結果はバブルの崩壊とともに大きな傷を負い、そのまま終焉《しゅうえん》を迎えてしまった企業も少なくなかった。

「バブルの頃、銀行から『常磐さんは商売が下手だ。これだけお客さんがついているんだから、もっと大きなホテルを建てればいい。資金はいくらでも出す』と盛んにいわれた。しかし、うちは、自分たちの身の丈の中で商売するという中村さんの教えもあって、そうした話には一切耳を貸さなかった。今考えてみると正解だったね」

慣れ親しまれた名前をあえて捨てる

十数年ぶりにやっと設備投資ができるようになり、同時にバブルの到来と常磐道いわき湯本ＩＣの設置という、願ってもない追い風のおかげで大いに潤ったハワイアンセンターは、ここが勝負どころだとばかりに、昭和六一年以降、ウォータースライダー（滑り台）「ワンダーホルン」、コンベンションホール「ラピータ」、「ワンダーリバー」、プレーランド「レーシングバレー」など、新たな施設を次々とオープンさせていった。

そして、昭和から平成へと変わったばかりの平成二年三月、時代の変化に対応するかのように、ハワイアンセンターは開業以来最大の賭けに打って出た。

オープン以来使ってきた「常磐ハワイアンセンター」の名称を捨て、「スパリゾートハワイアンズ」へと変更したのだ。

おそらく五〇歳以上の人なら、子供の頃、「夏休みにハワイに行ったよ」「え〜、すごいなあ」「ハワイといっても福島だけどね」というギャグをいったり、聞いたりしたことが一度や二度はあったはずだ。それぐらい庶民に親しまれていた名称を変えてしまおうというのだから、名称変更の可否をめぐって社内が二分するほど紛糾したというのも当然だろう。

「これだけ世の中に浸透している名前を変えてしまうというのは、はたしていかがなものか。せっかくの固定客が離れてしまう恐れがある」

と反対意見をいう社員も少なくなかった中、当時の経営陣が、この大胆な改革を実行しようと決断した理由は、開業から約二五年が経ち、ハワイアンセンターを取り巻く社会環境や利用者の意識が大きく様変わりをしたこと、それに尽きる。

ハワイアンセンターが開業した昭和四一年頃、日本人にとってハワイは一生に一度、行けるか、行けないかという、文字どおりの夢の島だった。だからこそ、「一〇〇〇円持ってハワイに行こう」というキャッチフレーズのもとオープンしたハワイアンセンターに多くの人が押し寄せ、開業一年目から当初の目標であった年間来場者八〇万人を大きく上回る一二四万人を記録する人気のテーマパークになったのだ。人々は東北の福島で、手軽に味わえるハワイ気分を大いに満喫したのである。

温泉＝スパを前面に打ち出した新名称

ところが、平成の世ともなると、ハワイは夢の島でも何でもなくなった。誰もが国内旅行の感覚で気軽に行ける、ごく普通の島になってしまっていた。

「この平成の時代になって、いまだに『常磐ハワイアンセンター』はないだろう。常磐もセンターもいかにも古臭い。時代遅れのイメージがして、特に今どきの若い人たちには受けない。それに、常磐道のいわき湯本ＩＣが設置されてアクセスが格段によくなった今、われわれがもっとも期待するのは首都圏からのお客さんだ。

そうなれば余計に、彼らを集めるには『常磐ハワイアンセンター』ではダメだ。もっと時代にマッチした新しい感覚のものにするべきだ」

最終的には社長の鈴木正夫がそう判断し、改称が決定した。

では、いったいどんな名称が相応《ふさわ》しいのか？　ここでまたモメにモメた。

その時、社内では、

「開業以来使ってきた『常磐ハワイアンセンター』という言葉の響きが、もはや陳腐になっている。この際、ハワイという言葉も止《や》めてしまって、何かまったく別の新しい言葉に変えたほうがいいだろう。それぐらいのことをしなければ、今ここで名前を変える意味がない」

という意見があり、それに賛同する社員も少なくなかったという。事実、ハワイ、ハワイアンを含まない名称案もたくさん出たと聞く。

しかし、名称を変えるという強い決断はできても、ハワイアンセンターの原点である「ハワイ」から離れるという勇気まではさすがに持てなかった。

結果的に「ハワイ」をシンボルとして、炭鉱時代には負の資源であった「温泉＝スパ」を正の資源として活用してきたことに改めて注目し、それを前面に打ち出すことで「スパリゾートハワイアンズ」の名称にすることで落ち着いたのである。

ちなみに「ハワイアンズ」と複数形にしたのは、これから先も次々とニーズに合った施設を増やしていくという、その思いを込めたかったからだ。

ともあれ、この時期の改称はハワイアンズにとって大きなプラス効果をもたらした。これがきっかけになって、その後次々と打ち出した施策がことごとくヒットし、さらに人気のテーマパークへと成長していったからである。

「スプリングパーク」オープン

常磐ハワイアンセンターからスパリゾートハワイアンズへの名称変更は、新生ハワイアンズに大きな効果をもたらした。それは従来「常磐」、「ハワイ」という二つのイメージや地域に限定されていた施設が、その枠組みを外すことによって世界をさらに広げ、利用客に新たな楽しさを提案することができるようになったからだ。いい換えれば、単なる名称変更だけには留まらず、ユーザーの抱いていたブランドイメージをも変えることにつながったのである。

ハワイアンズは平成二年に名称変更をすると同時に、五二億円の総事業費をかけ、これまでとは明らかに異なるコンセプトの新たなテーマパークをオープンさせた。

南欧のオシャレな公園をイメージした「スプリングパーク」である。男女一緒に水着で楽しめる屋内温泉浴槽、打たせ湯、ミストサウナなどが揃った屋内スパ「スプリングタウン」と、一二種二四アイテムのバラエティに富んだ浴槽を裸で入浴する男女別の「温泉大浴場パレス」の二つのゾーンで構成されるもので、遊びながら入浴できる、世界にも類のない大規模な温浴施設。「のんびり・ゆったり浸《つ》かる」ことがメインだった温泉を、「みんなで一緒に遊んで楽しむ」ことのできるものにするという発想は新鮮だった。このスプリングパークの誕生によってハワイアンズの魅力が広がり、新たなお客を開拓することになった。

バブル崩壊で再び「冬の時代」へ

ところが、日本中がひたすら浮かれまくったバブルが弾け、景気が一気に悪くなると、それに合わせるかのように、ハワイアンズの客足は落ち込み、営業成績も急落した。平成六年度（平成六年四月一日～七年三月三一日）には年間入場者が前年度の一二四万四二一二人から一〇八万〇八四六人へと、一〇〇万人の大台を割り込もうかというほど大きく減り、当然、会社は大きな赤字を計上した。「冬の時代」がまた訪れてきたのだ。

その頃、札幌で経営していたホテルの支配人から観光事業本部長として本社に戻ってきた斎藤は、事業の立て直しを命じられ、あらゆるコストの見直しを行った。

この時、斎藤が断腸の思いで実行したのが社員のリストラである。

「あの頃はとにかく経営が厳しくて、何人もの人間にどうしても他社に移ってもらったり、辞めてもらわなくてはならなくなった。それで、二歳年上の幼なじみにも声をかけたんだけど、彼のお母さんのことを、うちのオフクロが昔からよく知っていて、後からオフクロに『あの人をリストラするなんて、そんな薄情な息子に育てた覚えはない』といわれてしまった。

うちの会社はちょっと特殊な会社で、高校時代に同級生だったとか、当人はもちろん、親同士が知り合いで仲がいいとか、そんな社員ばかりだから、特にリストラとかはやりにくい。もちろん仕事上のことだから、そういう私情をからめてはいけないことは分かっているが、それでもオフクロの一言はひどくこたえた。これから先、こんなことは二度としたくないと思ったね。だから、震災の時、給与のカットはしたが、リストラはしなかったんだ」

年間入場者は平成七年度（平成七年四月一日～八年三月三一日）一一一万〇八三三人、八年度（平成八年四月一日～九年三月三一日）一〇四万七九九二人。

トンネルは長かった。

三億円の節約

平成七年、依然として思うように業績が伸びないハワイアンズでは、ウォーターパークをリニューアルし、テコ入れを図った。その際、フラガールのショーの内容も一新し、ミュージカルをイメージしたものへ変更した。

ところが、これが裏目に出て結果的に大失敗に終わる。お客の評判も散々で、わずか半年ほどで元のショーへと戻すことになってしまったのだが、この失敗を機に、社内で一つの問題がクローズアップされることになる。全社的に経費の削減が求められていたこの当時、社内で大きな検討課題となっていたのが、常磐音楽舞踊学院の存続に関することだったからである。

昼と夜の一日二回行われているフラガールのショーは、今でこそハワイアンズの集客の大きな柱の一つになっている。ショーを楽しみに足繁《あししげ》くやって来るコアなフラガールファンのお客も少なくない。

しかし、平成七年頃、そうしたお客は、ほとんどといっていいほどいなかった。会社にしてもショーでお客を呼ぼうという考えはまったくなく、また、ショーでお客を呼べるとは考えてもいなかった。無料のショーは、あくまでも、温泉やプールにくっついている「おまけ」といった程度の認識になっていたのである。

こうなると、社内の学院への風当たりは、どうしても強くなってくる。学院は数字を生まない、すなわち利益を上げないどころか、フラガールの育成には逆に金がかかる、いわば「金食い虫」だからだ。

自前でフラガールショーを行うと、年間四億円もの経費がかかる。一方、ハワイからプロのダンサーを呼んできて踊らせれば年間一億円で済む。つまり、学院を廃止してしまえば、年間三億円も経費が浮くことになる。だとすれば、学院は要らないというのが学院廃止派の考えだった。

ハワイのダンサーとは感動の度合いが違う

これに対して、学院廃止には反対、今までどおり継続するべきだという存続派も少なからずいた。観光事業本部長だった斎藤もその一人だった。

「私が札幌からいわきに帰ってきた時、在籍していたダンサーはわずか一二、三人しかいなくて、たしかにショーには迫力も何もあったもんじゃなかった。だから余計に、学院は要らない、廃止してしまえという声が高くなってきたんだと思う。あの時は名称変更の時と同じように、存続か廃止かで社内が真っ二つになったね。

ただ、私個人としては廃止には反対だった。少人数ながらも額に汗して一生懸命踊っている彼女たちの姿には、見ている者を感動させるようなものが感じられたんだ。それは、おそらくお客さんも一緒なのではないかと思った。

たしかに踊りだけを見れば、フラガールよりもハワイのダンサーのほうがうまいかもしれない。しかし、ハワイのダンサーが踊るのと自前で育てたダンサーが踊るのとでは、感動の度合いが絶対に違う。その差は三億円という金額には換えがたいものがある。私は、そう考えていた」

その頃を知っている人に話を聞くと、ほぼ九分九厘、学院廃止が決定していた時期がたしかにあったそうだ。担当役員が書類に判を捺《お》せば、その時点で学院はなくなっていたという。

それでも、斎藤や学院設立当初から講師を務めているカレイナニ早川などの強硬な反対があり、結果的に、学院は最大の危機を乗り越えて現在もなお続いている。平成二九年四月に入学した一二人の新入生は五三期生となる。

思えば、この時、学院を存続するか、それとも廃止するかはハワイアンズにとって大きな分かれ道だった。もし、あの時点で学院がなくなり、ハワイのダンサーが踊ることになっていれば、おそらく、その後の映画「フラガール」も、震災直後の全国きずなキャラバンもなかっただろう。

そうなれば、ハワイアンズの運命は大きく変わっていたはずである。学院だけではない、最悪、ハワイアンズそのものがなくなっていたことだって決して考えられなくはないことなのである。

純和風のコンセプト「江戸」を取り込む

平成八年度（平成八年四月一日〜九年三月三一日）に一〇四万七九九二人まで落ち込ん

でしまった年間入場者は、平成九年度（平成九年四月一日〜一〇年三月三一日）になると、どうにか持ち直してきた。

その牽引車《けんいんしゃ》となったのが、一二億円の総事業費をかけて平成九年にオープンした、男女合わせた浴槽面積が約一〇〇〇平方メートルという、ギネスブックにも載っている世界最大の露天風呂「江戸情話　与市」だった。江戸時代の街並みと湯屋をモチーフに、高い天井と白壁、黒塗りの柱に使い込まれた古木の床で江戸情緒を再現した純和風の温泉施設である。

ハワイアンズへの名称変更は、前述したように常磐ハワイアンセンターという、いかにも古臭いイメージを敬遠していた若者層の取り込みが狙いの一つだった。そして、名称変更後、首都圏のニューファミリーやカップルなど若者層の集客には思惑どおり成功したものの、調べてみると、それに反比例するかのように、今まで来場者の大きなボリュームゾーンを占めていた中高年客が減少していることが分かった。

そこで、中高年はもちろん、その子、孫までの三世代が楽しめる施設を検討した結果、浮かび上がってきたのが大露天風呂、それも世界最大という他の施設には類を見ないスケールと、大衆文化が花開いた江戸をテーマとした露天風呂の構想だった。

館内に「江戸」という純和風のコンテンツを取り入れる。それは、ハワイに特化していたハワイアンセンター時代には絶対に出てこない発想であり、もし仮に出てきたとしても到底実現することのできない企画だった。こうした施設を可能にしたのも、「スパ」を前面に押し出したからである。

かくして「江戸情話　与市」がオープンした平成九年度は、これを目当てに中高年客が大挙して押し寄せ、前年まで停滞気味だった年間入場者が一一九万〇三八二人と約一一パーセントもアップ。これ以降、年々その数を増やしていくことになる。

三世代の誰もが楽しめる

小学生の孫がいる世代というと、五〇代から六〇代、七〇代ということになるだろう。かつてのその年代に比べ、今どきの五〇～七〇代はまだまだ若い。仕事に遊びにとアクティブな人が少なくない。

ハワイアンズではここ一〇年ほど、祖父母と子供夫婦、そして孫という三世代家族での来館シーンを積極的にアピールしてきた。たしかに最近は、そうした家族旅行が目立って多くなっている。

それは何もハワイアンズだけに限ったことではない。東京ディズニーリゾートでも「3世代ディズニー」というコンセプトを前面に打ち出し、来園を積極的に訴求していることから見ても、三世代旅行の家族客を狙うというのは、レジャー施設にとって収益アップの重要な課題になっているのである。

しかし、である。

東京ディズニーリゾートの、あの独特な世界観が好きだという祖父母はともかく、そうではない高齢者にとっては、可愛《かわい》い孫と一緒なら我慢できるかもしれないが、それでも正直なところ、あそこで過ごす一日はいかにも辛《つら》いのではないだろうか。

多くのレジャー施設の場合、この東京ディズニーリゾートのように、三世代のうちの誰かが楽しければ、誰かは我慢しなければならないというジレンマがある。例えば、子供たちには楽しかったとしても、大人はつまらない。逆に大人は嬉しくても、子供たちには嬉しくないと、どうしてもそういうことになってしまうのだ。

三世代の、どの世代でも楽しめるアイテムが揃っているレジャー施設は、ありそうで、探してみると意外とないものだ。

その点、ハワイアンズはおじいさん、おばあさんはもちろん、誰もが楽しめる温泉やフラガールのショーがあり、さらに子供たちには大プールやウォータースライダー、お母さんにはエステやエクササイズ、さらに、温泉にもフラガールにも興味がないお父さんのためには併設のゴルフ場（スパリゾートハワイアンズ・ゴルフコース）がある。ここはまさに、三世代の誰もが満足できるトータル・リゾート施設になっているのである。

これはハワイアンズにとって大きなメリットだ。このメリットを今後も生かしていくべきであることはいうまでもない。

女性目線の新コンセプトホテル

未来へ向けて先行きの不透明感が高まっている今、個人消費が低迷している。人々の財布のヒモがやたらにかたくなっているのだ。そして、そんな状況の中にあって消費のスタイルが物質的な「モノ消費」から精神的な「コト消費」へとシフトしていることは間違いなく、特に女性にその傾向が顕著だ。

女性は「ワクワクできること」、「自分が興味を持っていること」、「自分を磨くためのノウハウを手に入れたり、体験をしたりすること」などについては出費を惜しまないものだ。

平成一一年、総事業費一九億円をかけてオープンした新ホテル「ウイルポート」は、まさに昨今の女性の消費行動をしっかりととらえ、多くのリピーターを獲得。「江戸情話　与市」と並んで年間入場者数のアップに貢献した。

「ウイルポート」は温泉の効能・効果を最大限に生かし、「温泉でより健康に、より美しく」をテーマにしたヘルシー&ビューティフルライフをコンセプトにしたホテル。明らかに女性客にターゲットを絞り、ハード・ソフトの両面とも女性を意識。女性に向けてのさまざまな施設を完備し、プログラムを充実させた。

ここには例えば、プログラムに合わせて水深が〇～一八〇センチまで変わるアクアエクササイズ専用温水プールがあり、温泉の水圧と浮力を利用した全身運動プログラムを体験できる他、エクササイズ専用のスタジオではフラガールの指導を受けながらフラやタヒチアンダンスが楽しめる。

また、フェイシャルやボディエステなどのサービスが完全個室で受けられるサロンもあり、カウンセリングから施術までスタッフがマンツーマンで対応してくれる。

オープン以来、「ウイルポート」を指名してくる女性客が明らかに急増したという。それまでハワイアンズにやって来るお客のほとんどは「観光」、「温泉」、「プール」が主な目的であり、ホテルは単に宿泊するだけだった。ところが、そこに「健康」、「美」という新たなコンテンツと、それを体験できる機会を持ったホテルを加えることで客層の幅を広げることに成功したのである。

宿泊者専用無料送迎バスの導入

平成一二年、ハワイアンズはそれまで他のレジャー施設にはなかったユニークなサービスを開始した。宿泊者専用の無料送迎バスの導入がそれである。

この年、東京駅発着便路線をスタートさせたことを皮切りに、その後、平成一四年には、さいたま新都心便、さらに学生旅行などの需要に対応するため新宿便を運行するなど、お客のニーズに合わせて路線の拡大に努めてきた。

平成三〇年三月現在、東京便、新宿便、渋谷便、立川便、千葉便、さいたま新都心便、横浜便、池袋便、松戸便、西船橋便、北千住便と、首都圏を広くカバーする一一カ所から定期運行。さらに平成二九年には四月から六月までの期間限定ではあるが、仙台便も導入している。

ハワイアンズには「必ず需要があるはずだ」との読みがあったが、たしかにそのとおり、現在年間約一六万人、年間宿泊者の約三五パーセントが利用しているほどすこぶる好評である。何しろ移動の負担が減ると同時に、通常では一万円強かかる首都圏からの往復交通費、あるいは高速料金が無料になるからだ。

例えば、家族四人で東京からハワイアンズに一泊で遊びに行くことを考えると、このサービスがあるか無いか、その差はかなり大きい。利用客にとっては、今やなくてはならないサービスとなっているが、ハワイアンズにしてみても、首都圏からの宿泊客を増やすことで年間の宿泊客数をアップさせる大事な営業施策であり、お客、ハワイアンズの双方にとってメリットがあるウィン・ウィンの企画ともいえるだろう。

もっとも強烈な追い風になった映画「フラガール」

ハワイアンセンターからハワイアンズに続く五〇年に及ぶ長い歴史には、追い風あり逆風あり、実にさまざまなことがあった。その中でもっとも強烈な追い風となったのは、平成一八年九月に全国で公開された映画「フラガール」だ。

筆者はハワイアンセンターからハワイアンズに至る五〇年間、そして、その間の常磐興産の歴史をつぶさに見てきたが、ハワイアンセンターの誕生を描いたこの映画の大ヒットがハワイアンズに与えた影響は、ことのほか大きかったと思う。それは映画公開の翌年、平成一九年度（平成一九年四月一日〜二〇年三月三一日）に、来場者が過去最高の一六一万一三二二人を記録したことからも分かるだろう。ちなみに、その数字は今もなお破られていない。

そもそもフラガールという呼び名が定着したのもこの映画からだ。それまで彼女たちは「ハワイアンズのダンサーさん」、「フラのお姉さん」などといろいろな呼び方をされていたが、それも東北や首都圏周辺だけで、その存在は、関東以西ではあまり知られていなかった。

決して無名とはいわないまでも、だからといってメジャーともいえない、何とも微妙な存在だったのだ。それが映画の公開後、フラガールの呼び名とともに一気に知名度が高まった。

一つのこんなエピソードもある。二代目のリーダーとして創生期のダンシングチームを長く支えた二期生・舟木君子（旧姓・兵藤）の話だ。今でもいわき市内の公民館などで主婦たちにフラを教えている舟木は、フラガールOGとして多くの人が知っている地元の有名人だ。

映画公開前、いわき市内のあるスーパーマーケットで、かつての後輩ダンサーが働いているのを見かけた舟木は、懐かしさから声をかけた。

すると、相手は慌てた様子で舟木を店の外に連れ出して、こういった。

「私が昔ハワイアンズのダンサーをやっていたことを、ここのお店の人は誰も知りません。知られたくないのです。申し訳ありませんが、お願いですから私に話しかけないでくれませんか」

ところが、映画が公開されると、同じ女性が、

「実は私、ハワイアンズでダンサーをやっていたんですよ」

と、職場で自らカミングアウトしたというのだ。それも満面の笑みで。

ダンサーという職業がまだ今ほど一般的ではなく、「裸踊りのお姉ちゃん」などと呼ばれて白い目で見られていた昭和四〇年代の話ではない。つい一〇年ほど前のことだ。

ハワイアンズはもちろん、それ以外にも映画「フラガール」が与えた影響が限りなく大きかったことを、このエピソードは教えてくれる。

映画にしませんか?

映画「フラガール」誕生のきっかけを作ったのは、一人の社員だった。営業企画グループで広報を担当していた猪狩光訓（現・エンターテインメントグループマネージャー）である。

平成一三年のある日、猪狩は事務所の本棚の奥に、一冊の古びた本があることに気がついた。表紙には『ハワイアンセンター物語』とある。第二章で紹介した、昭和五三年に定

年退職した元社員、猪狩勝己が自費出版した本だ。

（こんな本が出ていたのか。知らなかったな）

何気なくページを繰っていくうちに、猪狩は感動で胸がいっぱいになり、涙が止まらなくなってしまったという。

猪狩は自分が勤めている会社がもともと炭鉱会社であり、政府のエネルギー政策の転換によって先細りする将来に対応するために始まったという、その歴史についてはもちろん知っていた。

しかし、その本の中に描かれた自分の先輩たちの努力や葛藤についてのエピソードは、どれもこれも初めて知ることばかりだった。猪狩はすぐに、これを世の中の人に伝えたいと考えた。

ところが、開業に至るまでの過去の話は決して明るい話題ではない。そうした話を取り上げられることは好ましくないとされていたのか、これまで社内の誰もが触れようとはしていなかった。

猪狩は、あえてタブーを破り、自ら資料を作って新聞社や出版社、テレビ局などに持ち込み、記事や番組で取り上げてもらうべく活動をスタートした。その当時、人気があったのがＮＨＫの番組「プロジェクトＸ　挑戦者たち」だった。猪狩は何とかここで紹介してもらえないかと、何度もＮＨＫに足を運んだという。

結果的に猪狩の願いが叶うことはなかったが、それでもハワイアンセンター誕生の物語は、さまざまなメディアでぽつぽつと取り上げられるようになってきた。

そして、平成一五年一月、突然、一本の電話が猪狩の元にかかってくる。

「ハワイアンセンター誕生の話を映画にしませんか？」

と、いきなり女性の声がいった。

女性を主人公にした物語に

電話の相手は、石原仁美と名乗った。井筒和幸監督のもとで「のど自慢」「ゲロッパ！」「パッチギ！」など数々のヒット作品を担当した女性映画プロデューサーである。

石原がいう。

「仕事柄、早く帰宅することはめったになかったのですが、その日はたまたま早く家に帰って、ビールを飲みながら何気なくテレビを見ていたのです。

今でも忘れもしない、テレビ朝日の『運命のダダダダーン！』という番組でした。その中で、それまでは炭鉱労働者として、ふんどし一丁でツルハシを振るっていた男たちが、蝶《ちょう》ネクタイをしてホテルで働いたという実話が紹介されていました。それを見た瞬間、ああ、これは映画になる、絶対にヒットすると直感しました。そして翌日すぐに常磐興産に電話をしたのです」

猪狩と会って話を聞けば聞くほど、『ハワイアンセンター物語』を読めば読むほど、映画にしたいという石原の思いは強くなっていった。

石原は当初、気心の知れた井筒を監督に起用し、創業者の中村豊を主人公とした映画を考えていたが、資料をチェックしながらロケハンを進めていくにつれて、ダンサーを主人公にした映画にしたいと思うようになってきた。女性が夢を実現することが難しかった時代の話だからこそ、女性を主人公にした物語にしたいと考えたのだ。

ところが、硬派で知られる井筒には、ダンサーへの興味はまったくない。中村や、炭鉱の閉山によって職を失うことになるかもしれない現場の炭鉱労働者など男を主人公に描きたいという思いが強かった。

結局、石原は井筒の起用を諦め、井筒も石原の考えを了承して、井筒版「フラガール」は幻に終わった。

ちなみに、この映画をきっかけに「フラガール」という呼び名が全国的に定着したことから、脚本家か映画のスタッフが考えた名称だと思っている人が多いようだが、それは間違いである。

昭和四一年、開業したばかりのハワイアンセンターを紹介するニュース映画（かつて映画館で映画と映画の合間に上映していたニュース番組）の中で使われていたことを知ったプロデューサーの石原が、語感の良さから借用してきたものだ。映画のオリジナルというわけではない。

スタッフの食事と宿泊で一億二〇〇〇万円

石原がハワイアンズにコンタクトを取ってから一年以上が経った。

しかし、映画化の話は遅々として進まなかった。というのも、石原が企画書を書き、当時勤めていた映画制作会社シネカノンの社長、李鳳宇《リボンウ》に見せても、李が、「どこが面白いのか分からない」

といって、なかなか首を縦に振らなかったからだ。

それでも石原は諦めることなく、企画書を何度も書き直しては李に出し続けた。それは石原の執念といってもよかった。そして、八稿目の企画書を出した時、

「時間はかかったけど、面白いものができたじゃないか」

と、李からようやくゴーサインが出て映画化がスタートすることになった。

この間、ハワイアンズのほうは、どう見ていたのか？　社長として映画制作に関わった斎藤はいう。

「石原さんが企画を持ってきて説明を受けた時は、中村豊を主人公にした物語、いわゆるサクセスストーリーだった。でも、正直いってあまり面白いとは思えなかったなあ。そもそもサクセスストーリーは世の中に掃いて捨てるほどあるからね。石原さんにはいえなかったけど、これは映画にしても受けないんじゃないかなというのが最初の、私の率直な感想だったね。

その後、石原さんは二、三度来たけど、それ以降ぱったり姿を見せなくなった。映画というのは決まるまでがとにかく大変だから、あの話は、もうなくなったんだなと思っていたら、一年後ぐらいにまた突然やって来た。そして、企画を変えた、今度はフラガールの話だというんだ。さっそく企画書を読ませてもらったら、これは面白い。『ぜひやってください。全面的に協力します。でも、お金は出しませんからね』といいましたよ。シネカノンという会社もよく知らなかったからね。

それでハワイアンズでの撮影が始まると、スタッフの宿泊と食事に協力してくれないかと石原さんがいうので、それぐらいならと気軽に了承したら、映画というのはとにかくスタッフの数が多くて、何だかんだと二〇〇人もいる。それに撮影に二カ月もかかったから、二〇〇人が二カ月、六〇泊ということは一万二〇〇〇泊。一人一万円としても一億二〇〇〇万円になる。全面的に協力するって約束しちゃったから今さらイヤだとはいえなかったけど、その金額にはビックリしたなあ。

でも、感動的ないい映画を作ってくれて、ハワイアンズにとっては大きなPRになったね。震災後のフラガールの全国きずなキャラバンだって、あの映画がなかったら、おそらく成功しなかったと思う」

予想外の大ヒットで映画賞を独占

企画がやっと通っても実際の撮影が始まるまでには、井筒和幸に代わる監督の人選や出演者のキャスティング、制作費の調達、脚本の最終的な決定など、石原には、まだまだやらなくてはいけないことがたくさんあった。

そのすべてが終わり、撮影がスタートしたのは平成一八年一月。石原が猪狩を訪ねて、初めていわきにやって来てからすでに三年が経っていた。そして、同年九月二三日、映画「フラガール」は全国で公開された。

当初、この作品は東宝や東映といった大手の映画会社ではなく独立系映画会社の制作・配給であったことから、公開前に話題になることも少なく、注目されることもほとんどなかった。だから、石原本人も、

（二五万人の観客動員があれば、制作費は十分にペイできる。ハワイアンズのファンに加えて、全国には約五〇万人のフラ愛好家がいるということだから、その人たちにも来ても

られれば何とかなるかな。少なくとも大赤字ということはないだろう）と、いたって控え目に考えていたという。

ところが、石原の読みはプラスの方向へと大きく外れ、思ってもいなかった嬉しい誤算となった。

公開されるとすぐに口コミで評判が評判を呼び、観客動員数一二五万人、興行収入一四億円を記録するという予想外の大ヒット作になったのだ。

そして、「独立系映画会社の作品では日本アカデミー賞は絶対に獲《と》れない」といわれていた映画業界の常識を打ち破り、第三〇回日本アカデミー賞で最優秀作品賞をはじめ一二部門を受賞した他、報知映画賞、ブルーリボン賞、毎日映画コンクールなど国内の主要な映画賞を獲得し、この年の映画界の話題を独占した。

この映画を機に、ハワイアンズは一気に上昇気流に乗った。まさにハワイアンズの運命を変えた作品となったのである。

第四章　東北復興の未来戦略

あえて「外部の血」を入れる

平成二五年六月。震災から約二年が経ち、復興に向けて着実に歩み続けていた常磐興産は新たな変革への一歩を刻んだ。社長の斎藤一彦が会長となって第一線を退き、新たな社長が就任したのである。

現在（平成三〇年三月）も社長を務める井上直美だ。

昭和二五年、東京に生まれた井上は、四九年、東京大学経済学部を卒業後、富士銀行（現・みずほ銀行）に入行。常務取締役を経て、みずほ情報総研社長を務めた。斎藤が自らの後継者としてハワイアンズの将来を託したのはプロパーではなく、根っからの銀行マンだった。

常磐興産では（前身の常磐炭礦でも）、これまで経営のトップは地元いわきの出身者か、あるいは炭鉱関係者に限られていた。七〇年の歴史の中で、そのどちらにも関係していない人間は誰一人としていなかった。いわば、井上の社長就任そのものが大きな変革の一つだったのである。

いわき生まれの斎藤は祖父、父が常磐炭礦で働き、自らも常磐興産一筋に働いてきた。会社のいい時も悪い時もすべてを知り尽くしている斎藤が、今この時期に、あえて「外部の血」を入れようとしたのはなぜなのだろうか？

震災後、緊急融資をしてもらうために銀行回りをしていた時、すでに斎藤は、常磐興産のメインバンクである、みずほ銀行の関係者に、

「誰か常磐興産の社長を任せられる適任の人間はいないか」

と後継者についての相談を持ちかけている。それも社内の誰にも話さず、自分一人だけの考えで、過去の慣例を破ろうとしていたのである。

当時の心境を、斎藤はこう語る。

「常磐炭礦の時代からずっと、常磐興産になってからも『一山一家』の精神でやって来た。その精神はもちろん今の時代でも通用すると思っているし、今後も大事にしていきたいと考えている。

しかし、『一山一家』は、東日本大震災後のような危機の時には社員の団結力を高めるからいいかもしれないが、反面、平常時には仲良しグループになってしまう危険がある。これからの厳しい時代、われわれが生き延びていくためには仲良しグループではダメだ。社内の意識や考え方を根本から変えていかなくてはならない。

それなのに、社員の多くが子供の時からお互いを知っていて、場合によっては親同士も知り合いだったりすると、それは難しくなる。そういう環境では相手に遠慮して、いいたいこともいえなくなるからだ。

このままでは、いずれ立ちゆかなくなる恐れがある。それを防ぐためには、あえて外部の人間に一度、社長を任せてみたほうがいいのではないか？　実は、私は前からずっとそう考えていたのだが、震災を経験してその思いが強くなっていたんだ」

ある意味、やむにやまれぬ荒療治だったのである。

新社長に託した二つの事柄

井上に社長就任を依頼した際、斎藤は、緊急に行うべき事柄として二つのことを挙げている。

その第一が「財務状況の改善」だ。

井上が社長に就任した平成二五年当時、常磐興産は震災からの復興のために一〇〇億円という巨額な緊急融資を受けたこともあり、約三〇〇億円の大きな負債を抱えていた。

その頃、常磐興産の売上高は約四七〇億円、営業利益は約一六億円だった。その時点での三〇〇億円の負債はかなり大きい。厳しい財務状況といわざるを得ない中、この状況を打破する財務戦略が求められたのだ。

そして、もう一つ、斎藤が挙げた事柄は、ハワイアンズが将来にわたって生き延びていくための「新しいビジネスモデルの構築」だった。

ハワイアンズのようなテーマパークでは、定期的に大規模な設備投資を行い、お客の興味をつねにつなぎ止めておくための施設を生み出していくことが必須である。それはテーマパークにとって、いわば宿命のようなものだ。

しかし、現実問題として大きな負債がある限り、それは難しい。とすれば、何らかの別な方法で、時代の変化やお客のニーズにマッチするサービスを開発していくしかない。井上にとっては、いずれにしてもそう簡単には解決できない難問であった。

ハワイアンズをよりハワイらしくする

井上はもちろん、常磐興産という会社のことも、スパリゾートハワイアンズというレジャー施設のことも知っていた。

しかし、それまで銀行マンとしてビジネスで常磐興産に深く関わったことはなかった。また、ハワイアンズにも、以前いわきで会議があった時、たまたま一度だけ泊まったことはあったが、夜遅く行って寝ただけで、ショーを見た記憶はないという。せいぜいそんな程度だった。

そこで、社長に就任した井上は、ハワイアンズの館内をくまなく見て回り、あらゆる部署の人間と会って徹底的に話をした。まずは自分自身の目と耳で現状を知ろうと思ったのだ。

すると、井上にはいくつかの問題点が見えてきた。その一つが、

「ハワイを創業以来のキーワードにし、施設名を変更した後も『ハワイアンズ』とハワイを謳《うた》っているわりには、ハワイらしさが感じられない」

ということだった。

思いついたらすぐに実行に移す、それが井上の信条である。

それまでは、どこでも見られる、ごく普通の制服姿だった従業員のスタイルをハワイ風に変え、お客への挨拶の仕方も、親指と小指を立てて振るハワイの挨拶ポーズ「シャカブラ」にすることを徹底させた。

「従業員たちは、最初のうちハワイ風の制服もシャカブラも恥ずかしそうだったけど、それじゃあダメなんですよ。お客さんが喜ぶことは何でも実行する。お客さんが楽しいと思うことは自分たちも楽しいと思ってやる。われわれが営んでいるサービス業というのは、そういう気持ちが何よりも大切なんだと、僕はそう思っています」

ハワイアンズにやって来たお客が喜ぶこととは何か、お客を楽しくさせることとは何かを、お客の立場になって考えること。それを就任以来、井上は事あるごとに社員たちに伝えているが、これがそのスタートだった。

裏方のスタッフにも気を配る

井上は、内部の人間、中でも、普段はほとんど陽《ひ》の当たることのない裏方の人間に注目した。

施設の運営に欠かすことのできない清掃スタッフの制服を、それまでの、清掃スタッフそのものといっていい何の特徴もない地味なものから、オシャレなアロハシャツとグリーンのベレー帽に一新したのだ。

あわせて「アロハエンジェル」という清掃スタッフの新たな名称を採用するとともに、スタッフのミーティングにも積極的に顔を出し、清掃スタッフこそがハワイアンズを支えているのだということを自らの言葉で伝えている。

それは、清掃の行き届いた施設が、いかにお客の満足度を高めるか、そして、そのことがいかに大切かということを清掃スタッフに知ってもらい、自らの仕事に誇りを持ってもらいたいと思ったからである。

さらに、それまで縦割りだった清掃スタッフの勤務を横割りにした。つまり、ホテルハワイアンズの担当であればつねにそこだけ担当していたのを、時間を軸にして三つのホテルの清掃をするようにした。こうすることにより、人員の配置ロスを少なくするとともに、清掃スタッフ間のコミュニケーションを改善することで清掃という仕事自体の内容を高めようとしたのだ。

井上が社長に就任した時、社内の反応はきわめて微妙なものだったという。何しろ、会社始まって以来初の「外様《とざま》社長」であり、ましてや、東大出の一流エリート銀行マンとしてこれまで第一線でバリバリ働いてきた人間である。社内の誰もが、いったいどんな人間がやって来るのか、この先いったいどうなることやら……と不安に思っていたことは想像に難くない。

ところが、やって来るや否や、社内のどんな人間ともフランクに接しながら、斬新なアイディアを次々と実行に移していく井上を見て、そんな不安も一気になくなった。

社内の改革を進める一方で、社員たちの心もしっかりつかむ。まさに井上の作戦勝ちだったといってもいいだろう。

一〇人の女性管理職が誕生

たびたび触れているように、常磐興産は常磐炭礦をルーツとした会社である。つねに死と隣り合わせの労働環境から助け合いの精神である「一山一家」の考え方が生まれ、それが現在もなお常磐興産の中に息づいていることもすでに述べた。

もともと炭鉱会社という組織体は、典型的な男社会といってもいい。日夜を問わず男たちが石炭を掘って金を稼ぎ、女たちは男たちを助けつつ家庭をしっかり守り、子供を育てる。主役はあくまでも男性であり、女性はそれを支える引き立て役。常磐炭礦だけに留まらず、全国の炭鉱会社には、そんな男尊女卑の傾向が多かれ少なかれあった。

そうした背景も影響しているのかもしれないが、常磐興産には、これまでは女性社員が活躍する場面がまったくといっていいほどなかった。もちろんホテルを伴うレジャー施設だけに女性の従業員はたくさんいたが、管理職として部下を監督する立場にある女性社員はほとんどいなかった。

しかし、今や消費行動の主役は女性である。あらゆる業種のあらゆる企業で女性独自の視点や感性が求められている中、家族連れや女性グループの来館が多いハワイアンズも例外ではない。というよりも、女性ならではの発想は絶対に必要だろう。もちろん、そのことは井上にもよく分かっていた。

ところが、彼が社長としてやって来た時、従業員の中に女性管理職は一人もいなかった。それは井上にとって驚きでもあった。

そこで、平成二六年四月、井上は一気に一〇人の女性社員を管理職に昇格させた。その全員が、長年、ハワイアンズで働いてきたベテラン社員である。

(彼女たちの経験や知識、知恵のすべてが、これからのハワイアンズには必要であり、役立つはずだ)

と井上は考えたのだ。

その一〇人のうちの一人、加藤恵美を、ヘルシー&ビューティをコンセプトに、女性をターゲットにしたホテル「ウイルポート」の支配人に抜擢《ばってき》した。「ウイルポート」はもちろん「ホテルハワイアンズ」、「モノリスタワー」、「クレスト館」と、ハワイアンズにあるすべての宿泊施設で女性支配人の起用は初めてのことだった。

加藤は入社以来約二〇年、ホテルとウエディング部門で働いてきたエキスパート。実績からすれば支配人への昇格は当然だろう。適任といってもいい。

しかも、ウイルポートは女性客を意識したホテルである。これまで女性の支配人が一人もいなかったというほうが、むしろ不思議なくらいだ。

ただ、それまで実現しなかったのは、過去にそうした前例がなかったからだ。前例がないから誰も手をつけない。そうした「悪《あ》しき慣習」を打ち破るには、外様の井上が適役だった。斎藤の狙いはおそらくその辺りにもあったのだろう。

その後、加藤は客室のアメニティの充実をはじめとした女性目線での改革を次々に打ち出し、井上の期待に見事に応えている。

女性管理職のまとめ役は女性に

女性管理職の登用とともに、井上は、その効果を高めるためにもう一つの策を講じている。一〇人の女性社員を管理職に昇格させたのとほぼ同じ時期に、女性管理職のまとめ役になる人物を採用した。彼女の名前は渡辺淳子という。

井上には苦い経験がある。銀行の人事部次長時代、人事部が女性活躍推進を先導していたこともあり、自分でも女性の総合職を部下に持ってきた。彼女はずいぶん頑張ってくれたがうまくいかず、男社会の中で女性が芽を出していくことの難しさを実感した。女性を育成する総本山の部署で周囲も理解があるにもかかわらず、どうもイメージどおりにならなかったのだ。

井上はハワイアンズの女性管理職のまとめ役を探して、政府の観光関係の女性委員をチェックしたり、先輩経営者に聞き回ったりしたが、なかなか思った人物が出てこなかった。悩んだ井上は、二万社を超える取引先会員を持つ銀行シンクタンクのネットワークに目をつけ、その責任者だった渡辺に対して、適切な女性役員候補がいないかヒアリングを行った。その際、井上は、男社会をしなやかに切り抜けて三支店の支店長を歴任した渡辺の実力に気づいた。

渡辺は井上同様、富士銀行に入行。女性として初めての支店長になった後、みずほ総合研究所に出向して会員事業部の責任者を務めた。みずほの取引先ネットワークを知悉《ちしつ》していた人物である。

井上と渡辺は一緒に働いたことはない。しかし、渡辺の起用について、その胸の内を、井上は、こう語る。

「たしかに一〇人の女性管理職を誕生させましたが、彼女たちだけでは思うように機能しないかもしれない恐れがありました。それに、僕はこの一〇人だけで終わりにするつもりはありませんでした。もっと多くの女性管理職を作ろうと考えていましたから、そのためにも、この一〇人にはそれなりの成果を挙げてほしかったんです。

この一〇人が管理職として力を発揮するためには、彼女たちをしっかりとサポートしていく存在が絶対に必要です。それも、できれば業務の経験が豊富で、彼女たちが何でも相談できるような気さくな人柄の女性がいい。そう考えた時、男性社会の中で活躍の場を切り開き、その先鞭をつけた渡辺さんのイメージが浮かんだのです。実際、ずいぶんいろいろな人に情報を聞き、調べもしました。結局、社会の要請に応じて企業が育成し、本人たちも男社会のさまざまな圧力をしなやかに通り抜けた女性活躍第一世代なら、僕の狙いを分かってくれるはずだと思いました」

　こうして常磐興産に入った渡辺は、すぐに一〇人の女性管理職だけの定期的な会議をスタートさせ、意見交換をするとともに、管理職として働いていく上で一〇人が抱えているさまざまな問題や悩みに親身になって耳を傾けた。

　そして、自らの長く豊富な経験から導き出した貴重なアドバイスを彼女たちに与えた。前出の加藤が彼女らしさを打ち出し、その存在意義をアピールすることができたのも、渡辺のバックアップが大きかったのは間違いないだろう。

　思いの外早く〝渡辺効果〟を確認できた井上は、平成二七年四月、渡辺を取締役に引き上げ、「ウォーターパーク」や「スパガーデン　パレオ」を統括するレジャーリゾート事業の本部長に任命した。

　いうまでもなく、レジャーリゾート事業は常磐興産の屋台骨をなす、もっとも重要なセクションである。そのトップに渡辺を起用したところに、井上の、渡辺に対する期待の大きさが見てとれる。渡辺もその井上に応えて、今もいわきで奮闘中である。

　そして、初の登用から三年、女性管理職の数は倍の二二人になった。ハワイアンズにおいて、女性の活躍の場は今後もますます増えていきそうだ。

フラガールOGを再雇用する

豊富な湯量を誇るさまざまな温泉施設、一年中いつでも泳げる大プール、ニーズに応じて楽しめる四つのホテルなど、ハワイアンズの魅力は数々ある。中でも多くの人たちを魅了しているのがフラガールの華麗なショーだろう。

一日二回のステージは昼も夜もお客が詰めかけ、その人気の高さを物語る。

社長に就任して初めてショーをじっくりと見た井上も、その完成度の高さに驚かされると同時に、ハワイアンズにとってフラガールが、いかに大切な財産であるかを思い知らされたという。

ところが、多くが高校を卒業して常磐音楽舞踊学院に入学し、ステージに立つことになるフラガールの現役生活は意外なほど短い。ほとんどが在籍一〇年前後、三〇代になる前に引退してしまい、その後、ハワイアンズとは何の関係もなくなってしまうのだ。

井上はその事実を知り、

（もったいないことをしているものだ。何とかできないか）

と思ったという。

（ステージで見せる彼女たちの笑顔は、お客さんの心を和ませる。そして、踊りを通じてお客さんを楽しませよう、喜んでもらおうとしている彼女たちのサービス精神は、ダンサーを引退して社内の他のところに行っても、十分に活《い》かせる。間違いなく、お客さんに新たなサービスを提供する貴重な人材になるはずだ）

そう確信した井上は、またも、ただちに行動に移す。ダンシングチームを退団したフラガールＯＧを再雇用する「ＯＨＡＮＡ制度」を立ち上げたのだ。

ちなみに、ＯＨＡＮＡとはハワイ語で「家族」の意味。そのネーミングにも、一度は辞めた人間を温かく迎えようという思いが込められているようだ。

この制度の導入後、何人ものフラガールＯＧがハワイアンズに帰ってきた。そして、ある者はホテル玄関でお客を笑顔で出迎える案内役を務め、また、ある者はハワイ風の手作り品のワークショップでお客を楽しませることのサポートをするなど、ハワイアンズのさまざまなシーンで活躍している。

平成二八年七月、四年間にわたってフラガールリーダーを務めていたモアナ梨江こと大森梨江が現役を引退した。その大森は今、井上の勧めもあり、常磐音楽舞踊学院の副主事に就任。後輩フラガールたちのスケジュール管理や教育計画などにこれまでの経験を遺憾なく発揮している。

井上はいう。

「フラガールのOGは、一流の営業担当者になり得る貴重な人材だと僕は思っています。ダンサーを引退して踊りを止めたとしても、彼女たちが活躍する場は、ハワイアンズにはまだまだたくさんあるはずです。

彼女たちの、ダンサーとしての貴重なキャリアを活用することが、彼女たちの第二の人生を有意義なものにするばかりではなく、会社にとっては新たな収入源を生み出すことにもつながると期待しています」

まだある外様社長の新施策

今見てきたように、井上は就任早々、さまざまなアイディアを矢継ぎ早に実行に移してきた。そのバイタリティーには驚かされるが、井上が行った施策は他にもまだある。

・無料送迎バスのサービスアップ

東京、横浜、さいたま新都心、千葉など首都圏各地から運行している宿泊者専用の無料送迎バスの路線に、池袋便、松戸便、西船橋便を新設し、従来の八路線から一一路線に拡大。さらに、平成二九年は四月一日から六月三〇日までの期間限定で仙台便も運行させ、お客の利便性をよりアップした。

・フラガールのショーのクオリティアップ

最新のプロジェクションマッピング（一般的なスクリーンではなく、建築物や壁面、塀などにCGや映像を投影する表現手法）を導入し、これまでできなかった演出を可能にしたことでショーのクオリティをアップした。

・フラガールコンテンツの制作・販売

カレンダー、ＤＶＤ、フォトカードなどフラガールをモチーフにしたさまざまなコンテンツを制作するとともに、館内に「ハワイアンズフラガールショップ」を立ち上げ、そこでの販売を開始した。また、精巧なフィギュアで知られる海洋堂に足を運び、フラガールのフィギュアを制作した。

●ショーアーカイブの作成

五〇年の歴史を持つフラガールだが、これまで過去の活動内容を記録・保存するという考えはほとんどなく、貴重な資料が散逸してしまっていた。そこで、これまでの演目や写真をきちんと整理するとともに、ショーで使用した衣装や小物に関しても記録する作業を開始した。

●ファイヤーナイフダンサーの拡充

ハワイアンズでは、全国で唯一、ファイヤーナイフダンスのショーを定期的に行っているが、専属ダンサーの人数を増やしてチーム化し、「シバオラ」と命名。ショーの内容もパワーアップした。

●社内改革の推進

社内の改革を進めるため、新たに「業務改革室」を設置。あわせて、従来は総務部に属していた人事課を人事部として独立させ、業務改革室長と人事部長を兼務とした。社内改革と人事は切り離すことができないと考えたからである。

また、「自己申告制度」を導入し、社員の仕事に対する意欲を高めた。

ハワイアンズが生き延びるためには

山あり谷ありながらも、今日まで営業を続けてきたハワイアンズ。多くのテーマパークが時代の変化や顧客のニーズの多様化に対応しきれず、道半ばで撤退を余儀なくされている中にあって、半世紀以上も生き延びているレジャー施設は、はたして日本にいくつあるだろうか？　おそらくそうたくさんはないはずだ。

ハワイアンズがそうした施設の一つであるというそれだけでも、称賛に値することだといってもいいと筆者は思う。

ただし、これから五〇年、一〇〇年とハワイアンズがさらに営業を続けていくためには、今後越えなくてはならない、いくつもの課題がある。

しかも、それぞれのハードルは、どれもかなり高い。しっかり助走をつけ、思いっきり飛び上がらなければ、クリアすることは難しいだろう。

しかし、もし、それができなければ、ハワイアンズの未来はないといっても過言ではない。五〇年以上脈々と培ってきた歴史も伝統も、一つ間違えれば転落は早い。あっという間に終焉を迎えることにもなりかねないからである。

数あるテーマパーク、レジャー施設の中でも、ハワイアンズはリピーター率がきわめて高いことでも知られる。長い間ハワイアンズを支えてきたのは、地元福島のみならず、全国にハワイアンズファンともいえる多くの人たちがいたからだ。

そうした人たちにこれからも愛され続けるため、第一に取り組まなければならない課題は「老朽化した施設のリニューアル」である。

老朽化が目立つホテルハワイアンズ

平成二四年二月、震災後の再開を機に開業した新ホテル「モノリスタワー」は、たしかに現代的な素晴らしいホテルだ。前述したように利用客の評判もすこぶるよく、リピーターも絶えない。一年を通じて九〇パーセント近い客室稼働率を記録しているというのは驚異的でさえある。

これに対して、昭和四一年の開業当時のたたずまいを残す「ホテルハワイアンズ」はといえば、モノリスタワーが素晴らしいだけに、逆に、かなりくたびれているという印象が否めない。

当然のことながら、震災後も含め、折りに触れて耐震補強やメンテナンスを実施しているので、五〇年経った今でも建物としての安全性に問題はない。しかし、モノリスタワーの快適さと比べてしまうと、どうしても印象が悪くなる。

もちろん利用客、それも高齢のお客にはホテルハワイアンズの雰囲気をこよなく愛する人も少なくない。「館内のあちこちに漂う『昭和の匂い』がいい。リラックスできる」という声が多いのも事実である。

とはいえ、そう遠くない将来に限界は来る。しかも、ホテルハワイアンズは利用客の増大にともなって、創業当時の中央館に東一号館・二号館、南一号館・二号館・三号館と五つの建物を次々に増築してきただけに、館内がきわめて複雑になっている。まるで迷路のようになってしまった構造に、利用客からは「自分の部屋が分からなくなって迷子になった」という笑い話のような声もしばしば耳にする。まずは、これを何とかしなくてはならないだろう。

切実な問題

そしてもう一つ、「ウォーターパーク内の施設をどうするか」というのも大きな問題である。前述したように、レジャー施設にとってアトラクションを定期的にリニューアルしていくことは必要不可欠だからだ。

震災後、ハワイアンズでは南海の魚たちとの海中散歩をコンセプトに、色鮮やかな熱帯魚やサメなど、約一三〇〇匹の魚たちと一緒に泳いでいるような感覚が味わえる「フィッシュゴーランド」を平成二七年七月にオープン。また平成二九年七月には、高低差・長さ日本一のボディスライダー「ビッグアロハ」を誕生させた。

たしかに二つともそれなりに話題にはなったが、はたして、これらが利用客の満足度アップにつながっていくのか、あるいは新たなお客を呼べるのかといえば、いささか疑問が残る。厳しい要求かもしれないが、お客を喜ばせるような仕掛けや、インパクトのあるアトラクションがまだまだ不足しているような気がするのだ。

しかしながら、ハワイアンズには避けては通れないことがある。新たなアトラクションを造るにしても、ホテルを建て直すにしても、当然のことながら莫大な費用がかかるということだ。

震災後の施設復旧のために多額の緊急融資を受け、今もなお借入金を抱えているハワイアンズに、リニューアル費用を捻出することができるのか？　これが切実な問題になっているのである。

国内のマーケットには頼れない

第二の課題は「ものすごいスピードで進んでいる少子高齢化にいかに対応するか」ということだ。

これから先、日本では人口が年々減っていくことが周知の事実となっている。特に高齢化が進み、若者の数が年々減少していくのである。

しかも、若者たちには旅行離れの傾向が年々顕著になってきている。今や、国内のマーケットだけでは大きな伸びが期待できないことは明白だ。

となれば、二〇二〇年の東京オリンピック・パラリンピック開催を控え、ここ数年来、大いに増え続けてきている海外からの旅行客をいかにして取り込むかが、国内観光産業のもっとも重要な課題になっていることはいうまでもないだろう。もちろん、それはハワイアンズも例外ではない。

震災前、すでにハワイアンズでは新ホテル、モノリスタワーの開業を踏まえて、それまで三六万人だった年間の宿泊者数を四五万人まで伸ばすことを目標にし、その増加分を海外からの旅行客に期待して海外営業チームを立ち上げていた。

そして、特に中国、台湾、韓国をメインターゲットに集客を図ろうとしていた担当者は、何度も現地の旅行代理店に足を運んで交渉を重ねた。その結果、ついに平成二三年四月から各国からのツアー客を受け入れることが決定した。

ところが、そのツアーがスタートしようとしていたわずか二〇日前、あの悪夢の東日本大震災と、それに伴う原発事故が発生する。各国が福島県を渡航自粛地域に指定したため、予定されていたツアーはすべて中止となってしまい、海外営業チームも解散となってしまった。担当者は今でもその時のことを思い出すと涙が出るという。

いかにしてインバウンドを呼び込むか

東日本大震災から七年が経ち、福島県に対する各国の渡航自粛はほとんどが解除され、ハワイアンズも海外営業を再開した。

最近、ハワイアンズには中国、台湾、韓国からのお客が目立つようになってきた。彼らには、江戸情緒を演出した世界最大の露天風呂「江戸情話　与市」の評判がとりわけいいのだという。

それでも受け入れる余地はまだまだたくさんある。館内では、アジア以外のアメリカ、ヨーロッパなどからのお客をほとんど見かけることがないからだ。欧米からの観光客をターゲットにできれば、パイは一気に広がるはずだ。

しかし残念ながら、ハワイアンズ周辺には外国人観光客を呼べるような、これといった魅力的な観光スポットはないし、現在、東北地方は国内でもっともインバウンド（外国人の訪日旅行）が少ない地域でもある。外国語による案内板の表示が少なく、外国語で観光案内ができるスタッフがほとんどいないなど、インバウンドに対する対策もまったくといっていいほど進んでいないのが現状である。

さらに、福島というロケーションを考えると、海外から直接ハワイアンズに客を呼び込むことは、かなりハードルが高いといわざるを得ない。

となれば、全国でもっとも外国人旅行客が集まる東京から、いかにして、彼らをいわきに引っ張ってくるかが誘致のポイントになってくる。

ところが、そこには日光や富士箱根、鎌倉など、東京から足を延ばしてほしいライバルたちがひしめき合っている。そうした強敵を相手にして、いかに打ち勝つことができるか、ハワイアンズの腕の見せどころといえるだろう。

次の目標はどこに置く？

三つめの課題は「次の目標をどこに置くのか」ということだ。

東日本大震災後、ハワイアンズには「震災からの復興」という大きな、そして絶対にクリアしなければならない目標ができ、全社一丸となってそれに邁進《まいしん》した。自らが望んで設定した目標ではなかったが、それでも、従業員の気持ちを一つにするには十分すぎる目標だった。

そして、それは、落ち込んでいた年間来場者数が平成二四年度（平成二四年四月一日〜二五年三月三一日）に一四〇万八四七六人と震災前の数字を超えたことで、ほぼ達成できたと思う。

次の目標となったのは平成二七年の「開業五〇周年」だった。この記念すべき年を祝おうとハワイアンズはさまざまなイベント、施策を展開した。

しかし、正直なところ、思ったほどの話題にはならず、五〇周年というわりには、いささか盛り上がりを欠いた一年になってしまったというのが著者の偽らざる率直な感想である。

さて、開業五〇周年という大きなアニバーサリーイヤーを終えたハワイアンズが、今、いったい何を目標として、どこを目指しているのかというと、残念ながら何も見えてこないのだ。

会社としても、外に向かって明確なビジョンをきちんと打ち出しているようにも感じない。だから今後、自分たちが何を目指してどうしたらいいのか、従業員の誰もが分かっていないような気さえする。

ハワイアンズの現状を考えた時、筆者が今一番懸念しているのは、この点である。今のままでは従業員のモチベーションは上がってこない。いや、むしろ下がってしまう。できる限り早急に何らかの手を打つべきではないだろうか？

プロパー？　それとも外様？

最後の課題は「後継者をどうするのか」ということだ。

前社長、斎藤一彦は、ひじょうに優れた経営者だったと思う。何度となく見舞われた危機を乗り越え、いつ潰れても不思議ではなかった会社をここまで存続させた。それだけでも高く評価できる。

しかし、ただ一つ、斎藤が果たせなかったことがある。それは、とにかく会社を存続させることが長年、常磐興産の第一目標だったために、その間、自らの後継者を社内で育てる余裕がなかったということだ。

前述したように、斎藤が常磐炭礦始まって以来初の「外様社長」である井上を迎え入れたのも、そうした背景があったからである。

井上自身は、

「自分はワンポイントのリリーフピッチャーです。プロパーの社長にしっかりとバトンを渡すことが僕の使命だと思っています」

という。

欧米では、プロの経営者が業種を問わず企業を渡り歩くことが、ごく当たり前になっている。実績を残すことができた人間は、請われて次の企業へと移っていく。日本でも最近、そうした傾向が顕著になり、ここ数年だけを見ても、資生堂、サントリー、ベネッセホールディングス、カルビー、ワールドなど多くの有名企業がプロ経営者を社長に招き、経営を任せている。

斎藤が期待したように、社内を活性化するために外部の血を入れることは大きな効果があるだろう。井上のこの間の活動を見る限り、それは明らかだ。問題はその次だ。

常磐興産にとって、以前のようなプロパーの社長に戻るほうがいいのか、それとも井上のような外部の人間が社長を務めたほうがいいのか。

その点は一長一短があり、意見が分かれるところだが、同社の特殊性、すなわち従業員の間に顔なじみや知り合いが多いということを考えると、しばらくは、少なくとも現在の従業員たちの意識が変わるまでは、外様社長でいくべきかもしれない。

いずれにしても、井上が使命だといっているプロパーの社長にバトンを渡すには、まだ少々時間がかかりそうだ。

第五章　「生き延びる企業」とは？

生き続ける「一山一家」の精神

前述のように、平成二七年、ハワイアンズは昭和四一年の創業以来、五〇周年という記念すべき年を迎えた。

ひと口に五〇年と簡単にいうが、国内にレジャー施設が数ある中で、半世紀という歴史を持っているところはそれほど多くはないはずだ。流行《はや》り廃りが激しく、競争の厳しいレジャー業界にあってそれだけの長い期間を生き延び、しかも、今もなお年間一四〇万人ものお客を集める人気施設であるというのはすごいことである。

これまで述べてきたように、この五〇年間、ハワイアンズは幾度となく危機や試練に見舞われてきた。そのいくつかを乗り越えてきた前社長・斎藤一彦でさえも「もうダメだ。この会社もこれでお終《しま》いだろう」と観念したことが何度もあるという。

そもそも、炭鉱から観光へと大きく舵《かじ》を切ったその誕生の背景にも、職を失いかねない従業員と崩壊しかねない地域社会を救わなければならないという、すさまじいばかりの危機意識があった。

そして開業後も、炭鉱閉山に伴う巨額の債務やバブル崩壊による客足の減少、まだ記憶に新しい東日本大震災と福島第一原発事故による風評被害など、斎藤がいうように、どれ一つ取っても、その時点で会社の存続を不可能にしたとしても決して不思議はないことの連続だった。

そうした危機や試練を乗り越えることができたのはなぜかといえば、そこには二つの大きな要因がある。

一つは、第二章で紹介した常磐炭礦時代の「一山一家」の精神が社員の中に息づき、時代を超えて辛苦に打《う》ち克《か》つ力になっていたことだろう。

映画「フラガール」の中でも描かれていた、新しくオープンする熱帯植物園に植えるためのヤシの木を枯らさないように夜を徹して温め続けていた炭鉱の元従業員、炭鉱の巨額な債務を肩代わりしたため徹底した経費削減を強いられた中、手づくりの動員型イベントを立案して集客に努めた企画担当者、そして、東日本大震災後、ハワイアンズが休業を余儀なくされた間、全国きずなキャラバンで日本中を駆け回ったフラガールたち……。

ハワイアンズの歴史をさかのぼると、そこにはつねに、会社のために頑張る社員たちの姿があった。

彼らは「一山一家」を自ら意識していたわけではないだろう。それでも、知らず知らずのうちに彼らを支えていたのは他でもない、彼らの心の中に「一山一家」の精神がしっかりと根づいていたのである。

見逃せない「トップの決断力」

もう一つ、絶対に忘れてはいけないのは、会社を率いる「トップの決断力」だ。経営が安定している企業、危機に見舞われても立ち直ることのできる企業は例外なく、強い統率力で社員を引っ張るトップの存在がある。

そもそも、ハワイアンセンターを構想し実現させた創業者の中村豊にしてからが、カリスマと呼んでもいい、類い稀《まれ》な経営者であった。

ほとんどの関係者が、

「中村さんの道楽が始まったぞ。こんな田舎にお客なんて来るもんか。せいぜいもって一年。ヘタをすれば半年で潰れてしまうのではないか」

と、その行く末を不安視していた中、中村は炭鉱からレジャー施設という百八十度の転換の成功を信じ、ぶれることなく推進して、会社の経営を安定させるとともに、接客業などとは無縁だった常磐炭礦の従業員を違う道へと導いていった。

中村がハワイアンセンター構想を進めていた時、彼は社長ではなく、副社長にすぎなかった。その時、

「中村のやることに間違いはないはずだ。中村にすべてを任せる。もし失敗したら責任は自分が取る」

といって、中村に全幅の信頼を寄せていたのが、当時の二人の社長、大越新と青山榮だった。この二社長の「中村にすべてを任せる」という判断も大きな決断だったといっても

いい。

そして、開業以来慣れ親しまれてきた「常磐ハワイアンセンター」から現在の「スパリゾートハワイアンズ」へと名称変更を実行し、ブランドイメージを大きく変えることを成功させた鈴木正夫。震災時、一年近い長期の休業と原発事故による風評被害に立ち向かい、復興を成し遂げた斎藤一彦。さらに会社始まって以来、初めての外様社長として招聘《しょうへい》され、就任直後から次々と新たな施策を打ち出している現在の井上直美と、常磐興産で歴代の社長を務めてきた誰にも、間違いなく、決断力があったと思う。

企業にとって、トップが自らの社の進むべき道をしっかり見極め、それを社員に伝え、目指す方向へと導いていくことは何よりも大切である。それができる社長こそ、会社を大きく伸ばしていくことができるのだ。

本書の最後に、ここ一五年にわたってハワイアンズの経営を担ってきた斎藤一彦と井上直美の二人に、今一度話を聞いてみることにした。

前社長・斎藤一彦が語る「震災前、震災後」

選択と集中

斎藤が、昭和一九年の常磐炭礦設立から数えて九代目の社長に就任したのは平成一四年六月のことだった。前社長・高橋進が突然の病に倒れたため、急遽、常務だった斎藤に声がかかったのだ。

「自分としては、いつかは社長になるだろうとは思っていたけど、自分が考えていた予定よりも二年は早かったかな。何しろ高橋さんが急に倒れてしまったからね。あの時点での社長就任は想定外だった。

私が社長になった時は、バブルの後遺症からどうにか抜け出して、一〇年ぶりに年間来場者数が一四〇万人に復活した頃だった。取りあえず経営は安定していたから、社長として第一に私が手がけたのが『スクラップ&ビルド』、すなわち『選択と集中』ということだ。

常磐炭礦が次第に立ちゆかなくなってきて、従業員の雇用を確保して地域の疲弊を何とかしなくてはいけないということで、当時の中村豊社長は、昭和四〇年代から常磐炭礦の分社化を積極的に進めていった。その結果、何とも脈絡のない複合経営になってしまっていて、段ボールを作る会社があったり、橋を造る会社があったりして、常磐興産という会社は、いったい何の会社なのかよく分からないといわれていたんだ。

そこで、その他の事業は独立させたり、どこかと合併させたりすることで整理して、これから先は観光に特化する、ハワイアンズの経営に全力を注ぐという姿勢を明確にしたわけだ」

資金援助の依頼に即決の回答

「平成二三年三月に東日本大震災が起きた。地域がダメになってしまえば、われわれの会社も存在しない。だから、ハワイアンズがどうだとか、常磐興産がどうしたとかいうよりも先に、とにかくどんなことをしてでも、いわきを復興させなくてはいけない。そういう思いが強かったね。

たしかに施設が大きな損傷を受け、原発事故の風評被害にも見舞われて厳しい状況ではあったけれども、だからといって、復興を諦めたことは一度もなかった。もしかしたら時間はかかるかもしれないが、必ず復活できると信じていた。

ただ一つだけ、内心で私が心配していたのはお金のことだ。はたして銀行が復興のための資金を援助してくれるのか、それが一番の気がかりだった。

今でもよく覚えているが、四月二五日にメインバンクの本店に行って営業担当常務に面談した。挨拶を済ませてから、私が単刀直入に『復旧には少なくとも一〇〇億円ぐらいはかかりそうだ。何とか支援してもらいたい』というと、相手は即答だったね。『お金のことなら何も心配するな。とにかく、いわきの復興のために頑張ってくれ。われわれができる限りの支援はする』と、そういってくれたんだ。

何しろ状況が状況だっただけに、貸してもらえないのではないかと内心不安だったから、この一言は嬉しかったし、その資金が本当に役立った。ありがたかったね。もし、逆の立場で私が銀行の担当者だったら、あんな即答はできなかったと思う」

情と理のバランス

「結局一〇年ちょっと社長をやらせてもらったが、思えば失敗の連続だったような気がするな。自分では、うまくいったのは一〇のうちせいぜい一つか二つあったかなかったか。そんなもんだよ。

私が社長時代、つねに心がけていたのは『情と理のバランス』ということだ。社長として、社員に対して厳しい決断をしなくてはならない局面はしばしばある。しかる後に、情をどうかけていくか、それはとても大事だ。人を使ったり動かしたりするのは難しい。情だけでもダメだし、理だけでもダメだ。そのバランスをどうやって取っていくのかが重要なんだ。

特にうちは、社員のほとんどが顔なじみで、中には子供の頃からお互いをよく知っているというような、他の会社にはない特殊な環境にある会社だ。だから、その辺は余計に気を遣ったね」

〝旅行離れ〟の時代を見据えて

「二〇二〇年の東京オリンピックまでは、おそらく現状のままで流れていきそうだが、そこから先は不透明感がひじょうに強いね。超高齢社会がますます顕著になって、そのうちに団塊の世代が動けなくなる。若者の数が減って、しかも、今すでにその傾向がある旅行離れがさらに強くなってくる。

こうした中で、ハワイアンズとしてもう一度、ビジネスモデルの構築をし直さなくてはならないことは明らかだが、その際、鍵を握っているのは、インバウンドをどうやって取り込んでいくかということだろう。ただし、ハワイアンズ単独で直接呼び込むことは難しい。かといって、オール東北でやろうと思っても、東北は地域としての受け入れ態勢がまだまだ不十分だ。これを早急に何とかしなくてはいけない。

それに、ハワイアンズ自体の施設も五〇年経って経年劣化が否めなくなってきているのも事実だ。施設の改修にはどうしたって金がかかるが、ご存じのように、うちはまだ大きな負債を抱えている。

解決しなければならない課題は山ほどある。一つ一つ確実にクリアしていかなくてはと思っている。立ち止まっているヒマはないね」

現在、斎藤は第一線を退き、OBとして常磐興産の、そしてハワイアンズの将来を見つめている。もちろん、自らが生まれ育ったいわきのことも、である。

現社長・井上直美が語る「何を変え、何を残すのか」

自分のことを知ってもらう

現社長・井上直美が社長になって五年が経った。就任早々「井上イズム」を発揮し、数々の施策を積極的に実行し、大きな成果を挙げてきた。

その井上は今、何を考え、ハワイアンズをこれから先、どうやって導いていこうと考えているのだろうか？

前述したように井上は、常磐興産初の外様社長である。社長を引き受ける際、そのことに抵抗や不安はなかったのだろうか？　そこから話を聞いた。

「僕が次の社長になることが決まって発表した時、地元の新聞に記事が出て、そこに『常磐炭礦一三〇年の歴史初の外部社長』という大きな見出しが書いてあったんです。それを見て、初めて『あーそうなんだ』と思ったくらいで、自分ではそのことはまったく意識していなかったですね。プレッシャーに感じたこともありませんでした。

そもそも僕が長年働いていた銀行は、三年に一度は必ず転勤があって、それも縁もゆかりもない、顔なじみのいないところへ行かされるのが当たり前でした。これまでずっとそういうサラリーマン人生を送ってきましたから、常磐興産という、まったく新しい会社に行くことに関しても何の不安も抵抗もなかったんです。

それで、ハワイアンズに来て僕が最初にやったことといえば、銀行時代に転勤した時と同様に、まずは自分のことを知ってもらうということでした。社員のみんなに、井上という人間がどういう性格で、何をどう考えているのかを理解してもらおうと努めました。それができなければ、その先に進むことができませんからね。

そこで、僕は初めのうち、普通であれば社長が出なくてもいいような小さな会議であっても、会議という会議にはすべて顔を出し、社員の意見を聞き、それに対する感想をいうようにしていました。

おそらく、そんなことをする社長は、今までの常磐興産には一人もいなかったでしょうね。今度来た井上というのは、何だか変わった奴《やつ》だなあ。そう不思議がられたかもしれませんが、そう思ってもらえただけでも僕にとっては大成功でした」

ポストを任せられる中核の人間が足りない

「常磐興産の社員というのは誰もが職務に熱心で、仕事に対して真面目な人たちだなあ、この会社のことを本当に愛しているんだなあ。僕が社長になって、社員たちと接した時の第一印象がこれでした。

ただ、この会社の経営の歴史を見てみますと、一時期、斎藤さんが社長の頃ですが、生き延びるために社内の『選択と集中』をやりました。それは言葉を換えればリストラということで、結果として優秀な人が外に出たり、辞めてしまったりしたこともあって、その後、経営の中核を担うべき人材がいなくなってしまいました。

僕は別に斎藤さんを批判するつもりではなくて、あれだけの多額の借金があったこの会社を潰すことなく今日まで継続させたというだけでも、斎藤さんの社長としての手腕に敬服しているのですが、『選択と集中』をやっていたその間は、人を育てる余裕がなかったということです。それはそれで仕方がないことだったと思いますよ。

ただ、今となるとその結果として、経営者となった僕にしてみれば、何か新しいことをやろう、組織を大きくしようとしても、ポストを任せられる中核となるべき人間が足りない。これが現在のわが社の大きなウィークポイントだろうと考えています」

「一山一家」にはデメリットもある

「『一山一家』の考え方というのは、炭鉱業というか、常磐炭礦ならではのユニークな考え方であって、何かの目標に向かって社員を一つにまとめたい時、中でもかつての東日本大震災の時のようなピンチの際には大いに役立ちます。ただし、もちろんそこにはデメリットもあります。

一山一家というのは、いわばトップダウン型で、すなわち、『とにかく何もいわずに俺のいうことを黙って聞け』ということでもあります。そういう環境で何十年もやってきましたから、どうしても社員の中に反対をいわない風土が育ってしまい、意見をいうことに対して臆病な社員が大多数になってしまっていました。

加えて、いわきの人というのは、もともとシャイで優しくて、とても人柄のいい人がほとんどで、人を傷つけたくないという思いの強い人が多いのです。それは人としてみれば何の問題もない、むしろ好ましいことでしょうが、経営者の僕から見れば、いささか困ったことになります。ですから、ここに来てすぐ『社員の意識を変えよう、凝り固まっているものをほぐそう』と思いました。

それにはどうしたらいいかといえば、新風を吹き込むことです。そのためには新しい人、女性を活用するしかありません。僕が女性を（管理職に）積極的に登用しているのはそういう考え方からであり、決して男性を軽視しているとか、引きずり下ろそうとしているわけではないのですよ」

体だけではダメだ。頭も使ってくれ

「社長として一番大事なことは、すべての社員に対して『公明正大』なことだと思っています。何事もオープンにやる。隠れてコソコソしない。もし、相手を斬るのでも後ろからいきなり斬りつけたりはしない。正面から正々堂々と斬る。僕は、それを心がけています。そして、そのためには社員たちとつねに接して、コミュニケーションを良好にしておくことが一番ではないでしょうか。

僕が社員に求めているのは、われわれの事業は、お客さんあってのサービス業だということを、どんな時にも忘れずにいてほしいということです。お客さんにお金を落としてもらっているのですから、何をおいても、お客さんの対応をしっかりやるというのが基本になります。

サービス業で大切なことは、どうすれば、お客さんにわれわれの施設を好きになってもらえるか、喜んでもらえるか、そして、また来てもらえるかを考えることです。

名前ぐらいは聞いたことがあるけど、ハワイアンズには一度も行ったことがない人なら、どうしたら興味を持って来てもらえるかを考え、一度来たことがある人なら、何か新しい魅力を発信して、また行きたいと思ってもらわなければなりません。いずれにしても、お客さんに興味や満足を得てもらい、ハワイアンズまで足を運んでもらうためには、体と頭をフル回転させる必要があります。そのどちらが欠けてもダメです。

ところが、うちの社員たちといえば、ほとんどの人間が額に汗して働くことは得意ですが、知恵を絞ることについては残念ながらやや苦手です。というのも、一山一家というトップダウン型の中では、何も考えなくても、上からいわれたことだけをやっていればそれでよかったからです。

しかし、それではサービス業としては失格です。ですから、僕はいつも社員たちに『お客さんのために体だけではダメだ。頭も使ってくれ』と事あるごとにいっています。

一人一人の社員がそれぞれ知恵を出し合って、そこから新しいアイディアが生まれてくれば、お客さんだって喜ぶだろうし、お客さんが喜べば来場者の増加にもつながっていきますからね」

社内コミュニケーションを強化する

「うちの会社の弱点の一つとして挙げなくてはならない点に、社内コミュニケーションの悪さということがあります。とりわけ問題なのは、横のコミュニケーションがよくないということであり、縦にしか情報が上がってこないのです。もしかすると、これも一山一家の弊害の一つかもしれません。

これは悪くいえばセクショナリズムで、情報を握っているのが権力だと思い、せっかくの情報をしまい込んでしまうのですね。よくない会社の典型といってもいいでしょう。

社内のコミュニケーションがよくないというのは、社内のIT化が進んでいないからですよ。僕が来た時の常磐興産もまさにそのとおりでした。そこで社内チャットを始めるため、リーダー以上の社員全員にiPadを持たせるようにしました。これによって情報の共有化を進めるのが狙いでした。

僕がここに来てすぐの頃、こんなことがありました。

銀行時代、お客さんからのクレームは全体で月に五〇〇〇件もありました。ハワイアンズはどうなのだろうと思って、担当者に聞いたところ『ありません』といいます。『ありませんってどういうことなの』とさらに聞くと『お客さんから何かいわれても、その時々で解決しているので、クレームはありません』というのです。

僕がこのことを聞いたのは、何もクレーム先の担当者を責めるためではなくて、お客さんからいわれたことはすべて記録しておいて、そこから会社がよくなっていくことのネタを探し、それを社員みんなで共有する。それが大事なのだということです。そのことを説明したら、理解してもらえました。今はすべてのクレームを全社員で共有しています。

僕が社長になって五年経ちました。僕がこの会社で目指していることが少しずつですが、浸透してきたように思います」

施設のリニューアルは少しずつ順番に

「今後のハワイアンズには、たくさんの課題があります。どれ一つを見ても軽視できないものばかりです。

うちはハワイアンセンター時代から、団体旅行得意型でビジネスを進めてきました。ですから、ホテルの部屋の造りもそれに応じて大中の部屋が多くなっています。

ところが、時代の流れとともに会社や町会などの団体旅行が減って、家族やカップルなど少人数の旅行が主流になってきました。社内には『それなら、四人部屋に二人で泊まってもらってもいいじゃないか』という意見もありますが、そうなると、これまでの半分の人数で利益が出るような価格設定にしなければなりません。

しかし、今のうちのホテルのキャパシティは、ホテルハワイアンズ一三〇〇人、モノリスタワー五〇〇人、ウイルポート二〇〇人と、ホテルハワイアンズの占める割合が高くなっています。もちろん、いくら何でもホテルハワイアンズで現在の二倍の料金をいただけるはずはありません。

となると、ホテルはもちろんプールや風呂などの施設を、時代やお客さんのニーズに合ったものにリニューアルしていくことが必要になりますが、それにはどうしたって資金がかかります。しかも一度にはできません。ですから、優先順位をつけて、少しずつ手をつけていこうと考えています」

いわきという場所の優位性

「これから先、インバウンド対策も当然、力を入れてやっていかなくてはなりません。その中で僕が今、密《ひそ》かに期待をしているのは、いわきというロケーション（場所）の優位性です。

東南アジアのタイ、フィリピン、ベトナムなどからハワイ、タヒチ、サモアに行くのは大変です。距離的にも遠いし、飛行機の便もよくない。それにお金もかかるので、そう簡単には行けません。だとしたら、東南アジアのお客さんを、ハワイやポリネシアと同じ楽しみが味わえるハワイアンズに呼び込むことができるのではないでしょうか？　僕が狙っているのはそこなのです。

ただし、せっかく来てもらったとしてもハワイアンズだけに一週間滞在してもらうのは無理なので、東北や東京との連携をいかに進めていけるかがポイントになります。例えば、東南アジアの人たちは雪をご存じないので、冬の間は東北のスキー場と組んで、温泉とフラガールのショー、そしてスキーを楽しんでもらうというのもいいかもしれません。

いずれにしても東北は全国でインバウンドが一番少ないところですし、伸び率ももっとも低いので、その辺りの対策も必要になるでしょうね」

ゆったりと流れる時間こそ、他にはない貴重な財産

「ハワイアンズは、これからもまだまだ伸びる可能性を秘めた、魅力的な施設であると僕

は思っています。

それはハワイアンズがフラだけではなく、タヒチやサモア、ニュージーランドなどポリネシア系の踊りが楽しめる日本で唯一の施設であり、さらに、そこに圧倒的な湯量を誇る温泉という、もう一つのアミューズメント要素が加わっているからです。

そして、ここにこそ、われわれがこれから先も生き延びていけるビジネスモデルの原点があるのではないかと思っています。そこで、今後はその内容をより一層いいものにしていくために、ＩＴを駆使してショーのクオリティを高めたり、さまざまなところでリピーターのお客さんにも喜んでもらえたりするようなサムシング・ニューを用意していこうと考えています。

それと、実際にハワイアンズに来ていただけるとお分かりになると思うのですが、館内では流れている時間が実にゆったりしていて、このゆったり感もハワイアンズの大きな魅力なんですね。ゆったり感は快適なアメニティにもつながりますから。

もしかしたら、従業員が無意識のうちに使っている、いわき弁もお客さんに癒しを与えているかもしれません。

うちに来てくださるお客さんは、ハワイアンズに都会のホテルのような洗練されたサービスを求めているのではありません。人としての温かさに満ちた、うちならではのこうした特色やサービスも、他にはない貴重な財産だと思っています。今後はそれを大切にして、さらに強めていきたいですね」

終章　「進化した一山一家」を目指して

シンプルな企業活動を地道に継続

本書の最後に、改めて、ハワイアンズから学べるビジネスのヒントについて考えてみたい。

ハワイアンズのようなテーマパーク、レジャー施設はもちろん、あらゆる業種の企業、店舗であれ、もっとも重要なことは「集客」——いかにしてお客をつかまえるか、お客に来てもらうか、ということである。お客が来てくれなければ商品は売れないし、こちらのサービスに対してお金を落としてくれないからだ。

集客を図るためにハワイアンズが実行していることは、それほど多くはない。

その一つが「無料送迎バスの運行」だ。

送迎バスは首都圏からの宿泊客を、東京や横浜などからハワイアンズまで送迎することによって、お客の交通費の負担や移動の手間をなくした。つまり、お客が来ることをただ口を開けて待つのではなく、積極的にこちらから働きかけることで、行ってみようと思わせる状況を作り上げ、「お客の囲い込み」を成功させているというわけだ。

もちろん、送迎バスにかかる経費はバカにならないだろう。しかし、ハワイアンズに来て館内でお金を使ってもらうことで利益を上げようとしているのである。

しかし、そうやってせっかく来てもらったお客が一度だけで終わってしまっては意味がない。さらに大きな利益を生むためには、繰り返し何度も来てもらうことが必要だが、ハワイアンズは、ファンといってもいいリピーター客が多いことからも分かるように、その点も見事にクリアしている。

というのは、「温泉」やそれを利用した「プール」、「エステ」、さらには「フラガールのショー」や「ゴルフ」など、子供から高齢者まで、そして男性でも女性でも楽しめるコンテンツを充実させているからである。いくらお客を囲い込んでも、満足させなければお客はすぐに離れてしまう。お客のニーズを的確につかんだ商品をつねにいくつも揃えておくこと、それを忘れてはいけない。ハワイアンズが行っている施策の二番目がこれだ。

そして、来場者に対してはこまめにDMを送るなどして、ハワイアンズの楽しさをつねにアピールすることが三番目。これもとても大事なことである。

こうしたハワイアンズの手法は、一般の企業にも参考になる。

まずは「集客」、「お客の囲い込み」をして、自らの商品、サービスを積極的にアピールする。一度でも買ってくれたお客には自社のコンテンツをさらに売り込み、「リピーター化」を図る。

特別なことは何もない。いわば至ってシンプルな企業活動であるが、これを長年地道に継続することがきわめて大事なのである。ハワイアンズの成功はそのことを証明している。

進化した一山一家

ハワイアンズが誕生して五〇年がすぎた。ひと口に五〇年というが、それは並大抵ではない長い年月である。当然のことながらその間、社会の状況も人々の考え方も大きく変化してきている。

そうした中、ハワイアンズがここまで生き延びてきた要因はいくつもあるが、やはりもっとも大きかったことは、ハワイアンズに関わってきた人間たちが、誰一人ぶれることなく「一山一家」の考えを貫いてきたことだろうと筆者は思う。そして、彼らはそれを意識してではなく、ごく当たり前に実践してきたのである。

だが、この五〇年間で唯一例外となった時があった。それは平成二三年の東日本大震災の時だ。会社始まって以来のピンチに直面した際、ハワイアンズの人間たちは誰もが「一山一家」を強く意識することによって最大の危機を乗り切り、奇跡的ともいえるV字回復に結びつけたのである。

斎藤をはじめとして、これまでの社長たちがみなそうであったように、ハワイアンズの経営の根底にあるのは「一山一家」の思想である。当然、井上も同じだ。

しかし、井上が他の社長たちと違っているのは、前章のインタビューでも語っているように、

「『一山一家』は、たしかに優れた考え方であるが、しかしすべてではない。そこにはデ

メリットもある」

ということをしっかり理解した上で、それを事あるごとに口にして、社員に伝えているということだ。井上はこうもいっている。

「『一山一家』には、親方日の丸に通じるところがある。何でもいいから俺のいうことを聞け、というような上から下への一方的な関係ができてしまいがちになる。企業にとって大切なのは上下の関係ではなくて横の関係だ。そのためには時代にマッチした『進化した一山一家』の考え方が必要になるはずだ」

さらにこれから先は、舵を握るトップの「決断」と新たな顧客ニーズの開拓を目指す「拡散」、すなわち事業の広がりが不可欠だろう。井上にもその辺はよく分かっているはずだ。

井上が、はたしてどんな「進化した一山一家」を打ち出してくるのか。それは例えば、「新しい時代の愛社精神」のようなイメージだろうか。

終身雇用制が崩れ、他社には愛社精神を持った社員が少なくなった今でも、ハワイアンズの社員は「一山一家」に裏打ちされた独自の愛社精神を持っている。その愛社精神が新たな「一山一家」となり、これからの社員に息づいていくのではないだろうか。

自分だけが楽しむ場所から、他人にも楽しさを伝える場所へ

ＳＮＳの登場はテーマパークの性格を大きく変えた。これまでは自分だけが楽しみ、満足できればそれでよかった。

しかし今では、その楽しさを、ＳＮＳを通じていかに他人に伝えることができるか、楽しさを共有できるかに関心が移ってきているのだ。

ハワイアンズにとってもそれは例外ではない。やって来た人たちがその楽しさを拡散すればするほど、来場者の増加につながることになる。それが今のテーマパークのあり方だ。

つまり、そのための仕掛けが必要になるというわけである。

このことは、先が見える経営者の井上にはもちろん分かっているだろう。どんな手を打ってくるか、その点も大いに注目しておきたい。

井上には胸に秘めた究極の夢がある。それは、いつかハワイに逆上陸してハワイアンズ

を造り、ハワイの人たちにショーを楽しんでもらうことだ。
筆者には、いつしかこの冗談のような夢が現実のものになるのではないか、そんな気がして仕方がない。

（文中敬称略）

おわりに

私が何の縁もゆかりもなかったスパリゾートハワイアンズとのつながりを持ったのは、実に運命的なものだった。

あの東日本大震災が起きた、まさにその三月一一日、私はある新聞社の仕事で、生まれて初めてハワイアンズを訪れていた。第一章で紹介した、東京に帰れなくなった被災者の一人だったのだ。

そして、従業員たちの献身的な行動の数々を知り、常磐興産という会社に興味を覚えた私は改めて取材を開始し、震災で休業を余儀なくされたハワイアンズの再開までの道のりを描いた『フラガール 3・11~つながる絆《きずな》~』(講談社)を上梓《じようし》した。

前書を書いていた時から、私の脳裏には一つの大きな疑問があった。それは、どうして、東北の片田舎(失礼!)にあるこの施設が五〇年以上も廃れることなく、年間一四〇万もの人がやって来る人気の施設になっているのかということだった。

震災から七年、その間、折りに触れて取材を続け、私なりに出した一つの結論が本書である。その秘密の一端が読者の皆さんに少しでも伝われば、筆者としてこれに勝る喜びはない。


かつて映画「フラガール」のプロデューサー石原仁美さんと談笑していた時、彼女がいったことがある。

「私と清水さんはね、たぶん天国の中村さんに呼ばれたのよ」

たしかにそうかもしれない。

創業者の中村豊さんが、石原さんには映画を作らせるために、私には本を書かせるために、ハワイアンズとの縁を作ったのだろう。

本書でも触れたが、中村さんは実に魅力的な人物だ。いつかはその生涯を描いてみたいというのが今の私の願いである。

本書の執筆に関しては常磐興産の前社長・斎藤一彦さん、現社長・井上直美さん、執行役員・若松貴司さん、営業部営業企画グループ・望月史子さん、ＯＢの元取締役企画室長・坂本征夫さん、他にもたくさんの方々にお世話になりました。ありがとうございました。改めて御礼申し上げます。

清水一利

平成三〇年三月

清水一利（しみず　かずとし）

一九五五年生まれ。フリーライター。ＰＲ会社勤務を経て、編集プロダクションを主宰。二〇一一年三月一一日、新聞社の企画でスパリゾートハワイアンズを取材中に東日本大震災に遭遇。同所でスタッフや利用客らとともに数日間の被災生活を強いられる。当時の体験を綴った『フラガール　3・11』（講談社）を上梓した。

「東北《とうほく》のハワイ」は、なぜＶ字回復《じかいふく》したのか　スパリゾートハワイアンズの奇跡《きせき》

集英社新書〇九二五Ｂ

二〇一八年三月二一日　第一刷発行

著者……清水一利《しみずかずとし》

発行者……茨木政彦

発行所……株式会社集英社

東京都千代田区一ツ橋二-五-一〇　郵便番号一〇一-八〇五〇

電話　〇三-三二三〇-六三九一（編集部）
〇三-三二三〇-六〇八〇（読者係）
〇三-三二三〇-六三九三（販売部）書店専用

装幀……原　研哉

印刷所……凸版印刷株式会社

製本所……加藤製本株式会社

定価はカバーに表示してあります。

ISBN 978-4-08-721025-5 C0236

社会――B

人が死なない防災	片田敏孝
イギリスの不思議と謎	金谷展雄
妻と別れたい男たち	三浦　展
「最悪」の核施設 六ヶ所再処理工場	小出裕章 渡辺満久 明石昇二郎
ナビゲーション「位置情報」が世界を変える	山本　昇
視線がこわい	上野　玲
「独裁」入門	香山リカ
吉永小百合、オックスフォード大学で原爆詩を読む	早川敦子
原発ゼロ社会へ！ 新エネルギー論	広瀬　隆
エリート×アウトロー 世直し対談	堀田　力 玄　秀盛
自転車が街を変える	秋山岳志
原発、いのち、日本人	浅田次郎 藤原新也 ほか
「知」の挑戦 本と新聞の大学Ⅰ	一色　清 姜尚中 ほか
「知」の挑戦 本と新聞の大学Ⅱ	一色　清 姜尚中 ほか
東海・東南海・南海 巨大連動地震	高嶋哲夫
千曲川ワインバレー 新しい農業への視点	玉村豊男
教養の力 東大駒場で学ぶこと	斎藤兆史
消されゆくチベット	渡辺一枝
爆笑問題と考える いじめという怪物	太田　光 NHK「探検バクモン」取材班
部長、その恋愛はセクハラです！	牟田和恵
モバイルハウス 三万円で家をつくる	坂口恭平
東海村・村長の「脱原発」論	村上達也 神保哲生
「助けて」と言える国へ	奥田知志 茂木健一郎
わるいやつら	宇都宮健児
ルポ「中国製品」の闇	鈴木譲仁
スポーツの品格	桑田真澄 佐山和夫
ザ・タイガース 世界はボクらを待っていた	磯前順一
ミツバチ大量死は警告する	岡田幹治
本当に役に立つ「汚染地図」	沢野伸浩
「闇学」入門	中野　純
100年後の人々へ	小出裕章
リニア新幹線 巨大プロジェクトの「真実」	橋山禮治郎
人間って何ですか？	夢枕　獏 ほか

集英社新書　好評既刊

政治・経済――A

メジャーリーグ なぜ「儲かる」　岡田 功
「10年不況」脱却のシナリオ　斎藤精一郎
ルポ 戦場出稼ぎ労働者　安田純平
二酸化炭素温暖化説の崩壊　広瀬 隆
「戦地」に生きる人々　日本ビジュアル・ジャーナリスト協会編
超マクロ展望 世界経済の真実　水野和夫 萱野稔人
TPP亡国論　中野剛志
日本の1/2革命　池上 彰 佐藤賢一
中東民衆革命の真実　田原 牧
「原発」国民投票　今井 一
文化のための追及権　小川明子
グローバル恐慌の真相　中野剛志 柴山桂太
帝国ホテルの流儀　犬丸一郎
中国経済 あやうい本質　浜 矩子
静かなる大恐慌　柴山桂太
闘う区長　保坂展人
対論！ 日本と中国の領土問題　横山宏章 王 雲海
戦争の条件　藤原帰一
金融緩和の罠　藻谷浩介 河野龍太郎 小野善康 萱野稔人
バブルの死角 日本人が損するカラクリ　岩本沙弓
TPP黒い条約　中野剛志・編
はじめての憲法教室　水島朝穂
成長から成熟へ　天野祐吉
資本主義の終焉と歴史の危機　水野和夫
上野千鶴子の選憲論　上野千鶴子
安倍官邸と新聞「二極化する報道」の危機　徳山喜雄
世界を戦争に導くグローバリズム　中野剛志
誰が「知」を独占するのか　福井健策
儲かる農業論 エネルギー兼業農家のすすめ　金子 勝 武本俊彦
国家と秘密 隠される公文書　久保 亨 瀬畑 源
秘密保護法―社会はどう変わるのか　宇都宮健児 堀 敏明 足立昌勝 林 克明
沈みゆく大国 アメリカ　堤 未果
亡国の集団的自衛権　柳澤協二

a pilot of wisdom

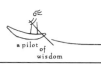